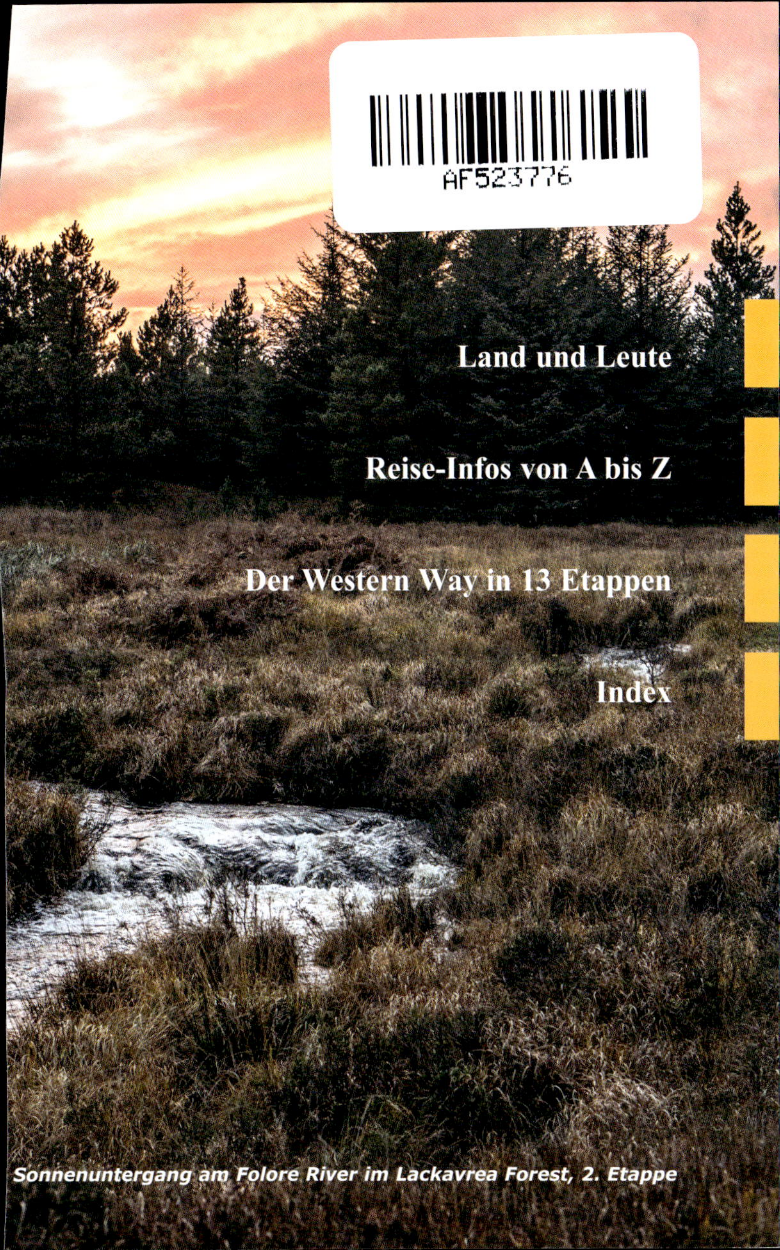

Sonnenuntergang am Folore River im Lackavrea Forest, 2. Etappe

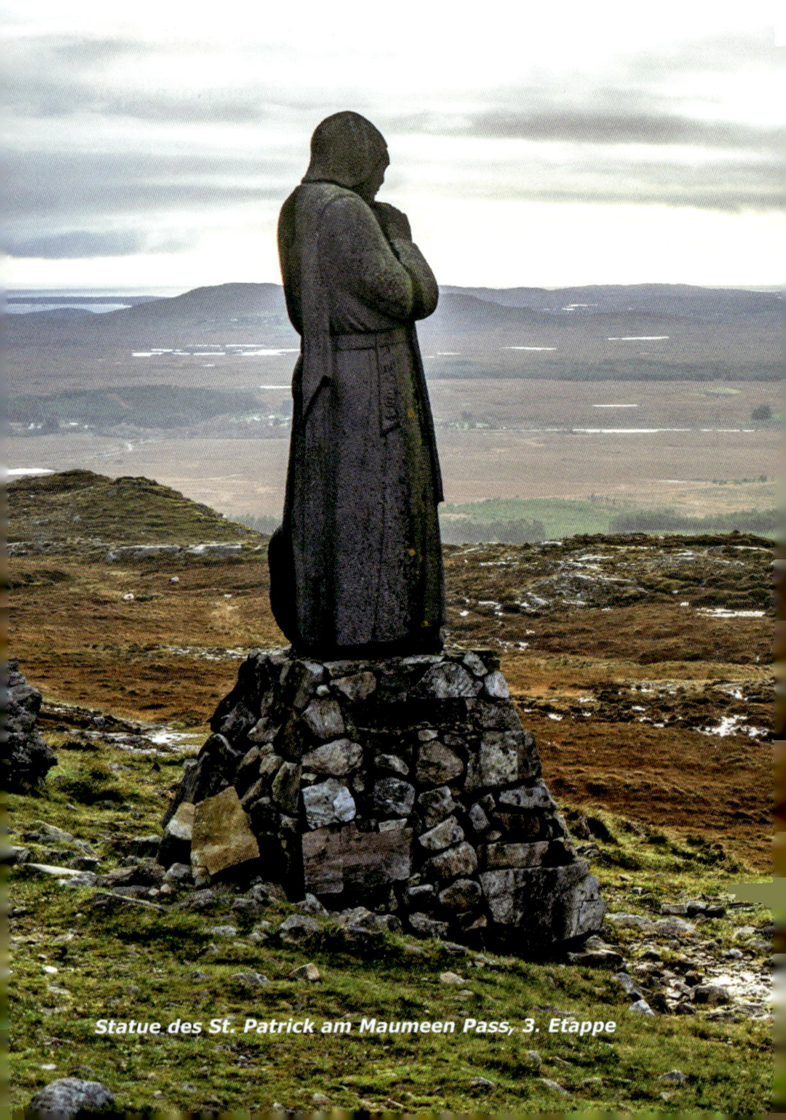

Statue des St. Patrick am Maumeen Pass, 3. Etappe

Band 493

OutdoorHandbuch

Sebastian Steude

Irland: Western Way

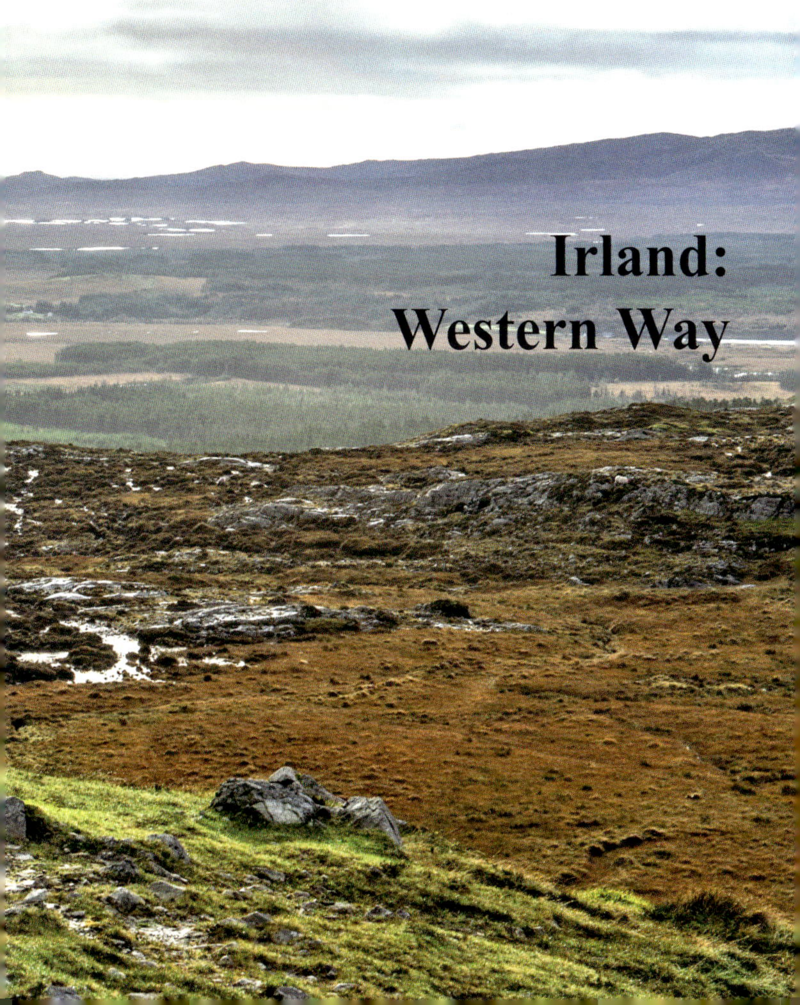

Irland: Western Way

Dieses OutdoorHandbuch wurde konzipiert und redaktionell erstellt vom:

Conrad Stein Verlag GmbH
Kiefernstr. 6, 59514 Welver
023 84/96 39 12
info@conrad-stein-verlag.de
www.conrad-stein-verlag.de
www.facebook.com/outdoorverlag
www.instagram.com/outdoorverlag

Klimaneutral
Druckprodukt
ClimatePartner.com/53106-2301-1004

Als Outdoor-Verlag sind uns der Schutz und die Erhaltung der Natur seit jeher ein besonderes Anliegen. Auch in Sachen Klimaschutz haben wir eine Vorreiterrolle inne: Wir sind der einzige Buchverlag in Deutschland, der bereits seit 2008 seine Bücher konsequent klimaneutral in Deutschland produzieren und transportieren lässt. Dabei wird nicht nur klimaneutral, sondern auch nachhaltig, d. h. so umweltschonend wie möglich produziert, z. B. durch die Auswahl von umweltfreundlichen Materialien. Die bei der Produktion der Bücher entstandenen CO_2-Emissionen werden durch die Unterstützung von zertifizierten Klimaschutzprojekten ausgeglichen. Jedes Buch wird daher mit dem Logo „klimaneutral" und einer ClimatePartner-Zertifikatsnummer versehen. Mithilfe dieser Nummer können Sie unter www.climatepartner.com Informationen zu der eingesparten CO_2-Menge und dem Projekt finden, das mit der Abgabe gefördert wird.

Das Engagement des Conrad Stein Verlags wurde im Rahmen des Projekts „Klimaneutraler Buchverlag" mit dem Westenergie Klimaschutzpreis 2022 ausgezeichnet.

OutdoorHandbuch Band 493

ISBN 978-3-86686-781-9 1. Auflage 2023

Text: Sebastian Steude
Fotos: Sebastian Steude & John Pucknell (jp) https://johnpone2.blogspot.com/
Karten: Manuela Dastig
Lektorat: Ricarda Kuschma
Layout: Alexandra Sauerland

Gesamtherstellung: AZ Druck und Datentechnik GmbH, Kempten

Dieses OutdoorHandbuch hat 128 Seiten mit 40 farbigen Abbildungen sowie 17 farbigen Kartenskizzen im Maßstab 1:110.000, 13 farbigen Höhenprofilen, 2 farbigen Stadtplänen und einer farbigen, ausklappbaren Übersichtskarte.

Autor und Verlag freuen sich über Ihr Feedback. Schreiben Sie Ihre Tipps und Verbesserungen an info@conrad-stein-verlag.de oder nutzen Sie unsere Social-Media-Kanäle. Bitte nennen Sie dabei Titel, Auflage und Seitennummer.

Dieses Buch ist im Buchhandel und in Ausrüstungsläden erhältlich und kann im Internet oder direkt beim Verlag bestellt werden.

Titelfoto: Der Western Way im Lettershanbally Forest, 4. Etappe

Inhalt

☺ Eine **Übersichtskarte** des Weges, **Autorenprofil** sowie eine Liste aller verwendeten **Symbole** in diesem Buch finden Sie auf den vorderen und hinteren Umschlagseiten bzw. -klappen.

Einleitung

Der Western Way (irisch: Slí an Iarthair) ist ein mehr als 200 km langer Fernwanderweg im Westen Irlands. Er beginnt in der Kleinstadt Oughterard unweit des größten irischen Sees, des Lough Corrib, und führt durch die bis zu 700 m hohen Maumturk Mountains in das lang gezogene Inagh Valley und zum Killary Harbour, dem einzigen Fjord der irischen Insel. Unweit des bekannten Wasserfalls von Aasleagh erreicht der Western Way die Countygrenze nach Mayo und führt weiter in nördlicher Richtung durch die Sheeffry Hills und an den südöstlichen Hängen des 764 m hohen Croagh Patrick entlang zur Hafenstadt Westport am Atlantischen Ozean.

In Westport endet der häufiger begangene südliche Abschnitt des Western Way. Der Nordteil ist einsamer. Er verläuft von Westport nach Newport und weiter durch die großen, abgelegenen Waldgebiete des Letterkeen und des Sheskin Forest nach Ballycastle. Hier gibt es auf einer Länge von fast 70 km keine Hotels, Pensionen oder Möglichkeiten, um die Vorräte aufzufüllen, und es kann durchaus vorkommen, dass Sie stundenlang keinem anderen Menschen begegnen. In Ballycastle wendet sich der Weg schließlich nach Südosten und folgt der Küstenlinie über die Kleinstadt Killala nach Ballina und weiter zur Countygrenze zwischen Mayo und Sligo. Hier endet der Western Way am Windy Gap, einem Pass in der Nähe von Bunnyconnellan.

Der Western Way führt durch einen der am dünnsten besiedelten und ursprünglichsten Teile der irischen Insel. Die Landschaft ist dabei äußerst abwechslungsreich. Sie kommen an zahlreichen Seen vorbei, durchqueren große Waldgebiete und überschreiten karge Bergpässe. Vor allem im Herbst bilden die rotbraunen Moor- und Sumpfgebiete einen tollen Kontrast zu den immer noch saftig grünen Schafweiden. Zahlreiche Ruinen am Rand des Weges erzählen von der wechselvollen Vergangenheit und den harten Bedingungen in dieser Gegend und auch für Kulturbegeisterte haben vor allem die Städte Westport und Ballina einiges zu bieten. Einziger Wermutstropfen ist der stellenweise recht hohe Asphaltanteil auf den (zum Glück aber meist ruhigen) Land- und Nebenstraßen.

Der Fernwanderweg ist etwa 240 km lang und lässt sich gut in 13 Etappen aufteilen. Aufgrund der Länge einzelner Etappen und der stellenweise großen Abgeschiedenheit vor allem im nördlichen Abschnitt ist der Western Way als moderat einzustufen und eher für erfahrene Weitwandernde zu empfehlen.

Eine solide Kondition und eine gewisse Wetterfestigkeit sind Grundvoraussetzungen, um beim Wandern in Irland Spaß zu haben. Obwohl der Western Way der beliebteste Fernwanderweg durch den Westen der irischen Insel ist, werden Sie vor allem außerhalb der Hauptsaison und im Nordteil mit großer Sicherheit eine sehr ruhige Zeit verbringen.

Vom National Trails Office des Irish Sports Council wurde der Weg als „National Waymarked Trail" ausgewiesen. Er wird von Coillte (der nationalen Forstbehörde), dem Galway County Council, dem Mayo County Council, der South Mayo Development Company und der Mayo North & East Development Company verwaltet. Vor allem auf dem Abschnitt zwischen Oughterard und Bellacorick ist die Beschilderung sehr gut. Weiter nördlich und noch einmal verstärkt ab Ballycastle werden die Markierungen spärlicher und teilweise sind die Stelen auch sehr verwittert oder sie beginnen zuzuwachsen. Mit den Karten in dem vorliegenden Wanderführer sollte die Orientierung dennoch kein allzu großes Problem darstellen.

Sonnenuntergang im Inagh Valley, 3. Etappe

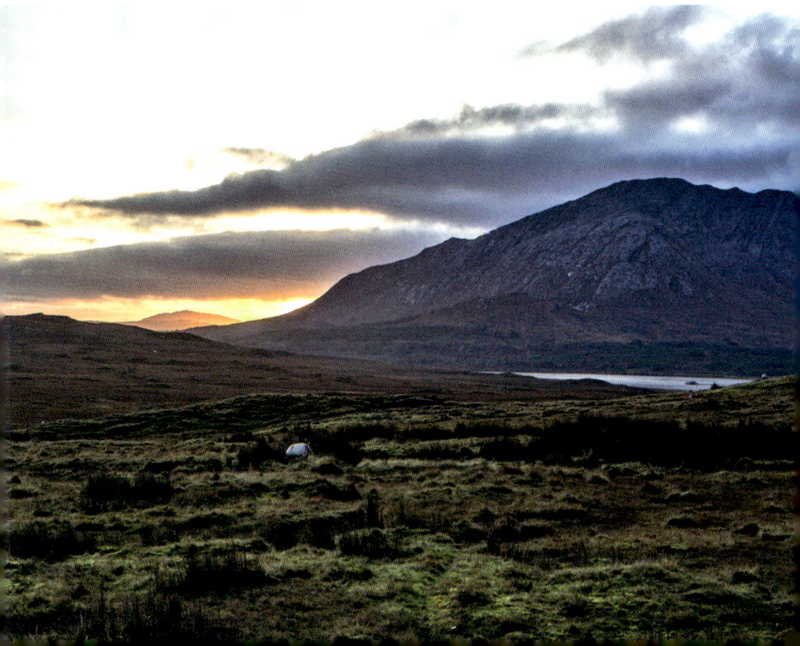

Land und Leute

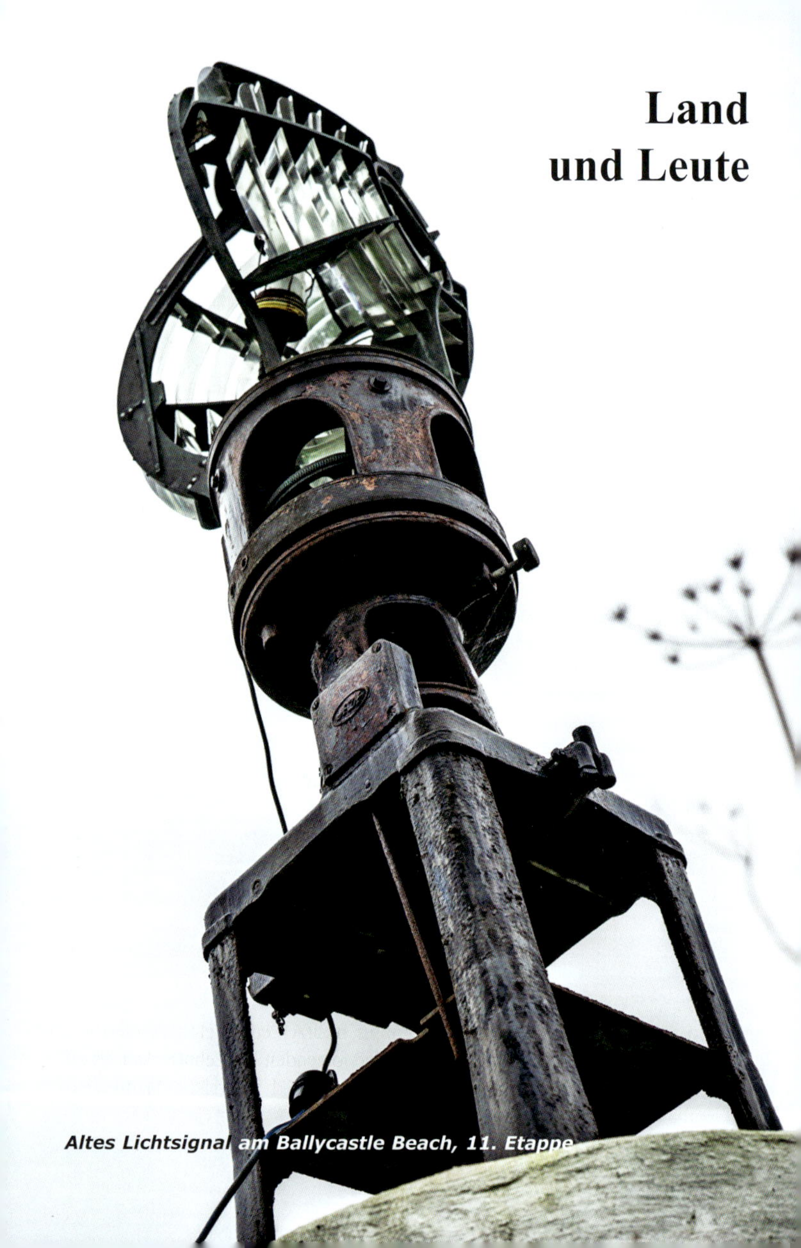

Altes Lichtsignal am Ballycastle Beach, 11. Etappe

Geschichte

Die Besiedlung der irischen Insel begann mit dem Ende der Weichsel-Eiszeit vor ungefähr 10.000 Jahren, als Nordirland noch über eine Landbrücke mit der schottischen Halbinsel Kintyre und Großbritannien wiederum mit dem europäischen Festland verbunden waren. Nach und nach begannen sich die gewaltigen Gletscher Nordeuropas zurückzuziehen. Die fortschreitende Klimaveränderung verdrängte die arktische Pflanzen- und Tierwelt und Eichen- und Kiefernwälder breiteten sich aus. Die ersten Siedlungen sind in Irland ab etwa 7.000 v. Chr. belegt. Zwischen 4.000 und 2.500 v. Chr. finden sich Spuren einer jungsteinzeitlichen Kultur mit rechteckigen Häusern und erste dorfähnliche Anlagen wie Knowth oder Newgrange entstanden. Um 600 v. Chr. gelangten keltische Einwanderer über Frankreich nach Irland und prägten mit ihrer Kultur die kommenden Jahrhunderte. Auch das heutige Irisch-Gälisch ist aus der keltischen Sprache entstanden.

Etwa 300 Jahre später begann der Übergang von der Bronze- zur Eisenzeit und Irland scheint in dieser Periode von der europäischen Kultur deutlich weniger beeinflusst worden zu sein als beispielsweise Großbritannien. Auch wurde Irland nie von den Römern erobert. Lediglich ein sporadischer Handel und kultureller Austausch sind belegt.

Auf die beginnende Christianisierung im 5. Jh. folgte die iroschottische Klosterkultur und Irland erlebte in den folgenden drei Jahrhunderten eine erste, frühmittelalterliche Blütezeit. Es entstanden eine eigenständige Kirche und ein Hochkönigtum und sowohl die irische Bildung als auch Kultur wurden in Europa bekannt. Anfang des 8. Jh. endete die Blütezeit mit politischen Unstimmigkeiten, internen Kriegen und Überfällen der Wikinger auf die Dörfer in Küstennähe. In den Jahrzehnten nach den ersten Überfällen begannen die Wikinger ihrerseits damit, permanente Siedlungen zu errichten. Unter anderem Limerick und die heutige Hauptstadt Dublin gehen auf ehemalige Wikingersiedlungen zurück.

Ein weiterer Abschnitt relativen Friedens und kulturellen Fortschritts wurde mit der Invasion der Anglonormannen unter Heinrich II. im Jahre 1169 beendet. Nach mehreren Siegen erklärte sich der englische Herrscher zwei Jahre später auch zum König von Irland. Einen Großteil der eroberten Ländereien verteilte er an normannische Barone. Zur Sicherung ihres Besitzes errichteten sie die noch heute weithin sichtbaren Tower Houses. In den folgenden Jahrzehnten kam es zu einer Festigung der normannischen Vorherrschaft und zahlreiche Städte und Kathedralen wurden gegründet. Lediglich der Westen war zu dieser Zeit noch unter Kontrolle irischer Herrscher und 200 Jahre lang kam es vor allem in der Provinz Connacht, durch die heutzutage der Western Way führt, zu Rebellionen gegen die englische Herrschaft. Zu Zeiten des Hundertjährigen Krieges zwischen England und Frankreich und der darauffolgenden Rosenkriege verlor die irische Insel für die englischen Könige immer mehr an Bedeutung. Erst zur Mitte des 16. Jh. geriet Irland wieder mehr in den Fokus und wurde schließlich im Jahr 1541 direkt der englischen Krone unterstellt. In England kam es kurz zuvor zum Bruch mit der römisch-katholischen Kirche und die anglikanische Staatskirche wurde gegründet. Obwohl infolgedessen sämtliche Kirchengüter auf der irischen Insel eingezogen wurden, verblieben ein Großteil der irischen Bevölkerung und auch die meisten Siedler aus anglonormannischer Zeit bei ihrem katholischen Glauben. Da die englischen Könige befürchteten, dass rivalisierende Mächte wie beispielsweise Spanien das überwiegend katholische Irland gegen die englische Krone ausspielen könnten, begann Eduard VI. mit der gezielten Ansiedlung von Engländern in Irland, den sogenannten „Plantations" (Bepflanzungen). Begleitet wurde die Ansiedlung von militärischen Maßnahmen gegen den immer stärker werdenden Widerstand.

Unter der Führung von James Fitzmaurice Fitzgerald kam es schließlich im Jahr 1568 zu einem irischen Aufstand, der allerdings in den folgenden Jahren von den Engländern niedergeschlagen werden konnte. Zu einer ernsthaften Bedrohung wurden die irischen Aufstände erst unter Hugh O'Neill, dem 2. Earl of Tyrone, der 1595 ein bestens ausgerüstetes, aus etwa 10.000 Iren bestehendes Heer aufstellen konnte und den englischen Truppen zwei schwere Niederlagen beifügte. Dennoch musste O'Neill im Jahr 1603 einem Waffenstillstand mit den Engländern zustimmen, in dessen Folge zahlreiche Adelige aus Irland flohen und irische Grundbesitzer enteignet wurden. Bis in die heutige Zeit wirken vor allem die „Ulster Plantations" des englischen Königs Jakob I. nach, unter dessen Herrschaft zahlreiche anglikanische Engländer und presbyterianische Schotten in Ulster angesiedelt wurden. Ulster entwickelte sich daraufhin zum Kern der englischen Herrschaft in Irland – und Jahrhunderte später zu einem der Zentren des blutigen Nordirlandkonflikts.

Zu Beginn des 17. Jh. kam es zu einem wirtschaftlichen Aufschwung und einem starken Bevölkerungswachstum. Doch trotz der besseren wirtschaftlichen Lage hielten die Spannungen zwischen Irland und England weiterhin an und es kam immer wieder zu blutigen Aufständen. Im Zuge des englischen Bürgerkriegs schlugen sich die Iren schnell auf die Seite der Royalisten Partei. 1642 wurde daraufhin die Confederation of Kilkenny gegründet. Sie strebte die Gründung eines katholischen, königstreuen Irlands an und eroberte große Teile der Insel. Bereits sieben Jahre später kam es unter dem englischen Abgeordneten Oliver Cromwell zu einer brutalen Rückeroberung Irlands, die weite Teile des Landes verwüstete.

Auch nach Wiederherstellung der Monarchie in England durch das Haus Stuart gab es gezielt gegen Irland gerichtete wirtschaftliche Maßnahmen und der irische Grundbesitz befand sich in dieser Zeit zu mehr als drei Viertel in den Händen von Engländern und Schotten. 1798 kam es erneut zu großen Aufständen, die trotz der Unterstützung durch Napoleon niedergeschlagen werden konnten. Drei Jahre später wurde Irland durch den Act of Union endgültig dem Königreich Großbritannien angeschlossen und das irische Parlament wurde aufgelöst.

Zwischen 1846 und 1849 kam es in Folge von Kartoffelmissernten und politischen Fehlentscheidungen zur Großen Hungersnot. Ein Zwölftel der Bevölkerung, circa 1 Million Menschen, starben an Hunger und weitere zwei Millionen wanderten vornehmlich in die USA aus. Bis 1871 ging die Gesamtbevölkerung von 8,5 Millionen auf 5,5 Millionen Einwohnerinnen und Einwohner zurück. Besonders betroffen war der Westen Irlands. Bis zum heutigen Tag hat sich das Land nicht von der Katastrophe erholt und noch immer werden Sie auf dem Western Way die Ruinen verlassener Cottages sehen. Die liberale britische Regierung half praktisch nicht. Vielmehr verschlimmerte sie die Lage sogar noch durch Getreideexporte in andere europäische Länder. Die bitteren Erfahrungen ließen erneut die irischen Unabhängigkeitsbewegungen erstarken, die nach dem gescheiterten Osteraufstand von 1916 in einem zweieinhalb Jahre andauernden Unabhängigkeitskrieg gipfelten. Von 1919 bis 1921 kämpften irische Guerillatruppen gegen die britische Armee, bis die Gefechte durch den Anglo-Irischen-Vertrag beendet werden konnten. Der Vertrag bildete die Grundlage für die irische Unabhängigkeit, löste aber auch den direkt anschließenden Bürgerkrieg aus und beeinflusst den bis zur heutigen Zeit andauernden Nordirlandkonflikt maßgeblich.

Nach dem Bürgerkrieg fand 1937 ein Referendum über die irische Verfassung statt. Mit 56 % Fürstimmen wurde die Verfassung angenommen. Sie trat am 29. Dezember 1937 in Kraft und der Staat Irland entstand. Während des Zweiten Weltkriegs blieb Irland neutral. Dennoch starben im Frühjahr 1941 über 1.000 Menschen bei mehreren Luftangriffen auf irische Städte und etwa 70.000 Iren kämpften aufseiten der Alliierten in Europa. Auch nach dem Zweiten Weltkrieg behielt Irland seinen neutralen Status und trat 1949 aus dem Commonwealth aus. Seit 1973 ist Irland Mitglied der EU. Am 10. April 1998 schloss Irland mit Großbritannien und den nordirischen Parteien das Karfreitagsabkommen ab. Irland gab darin endgültig seinen Anspruch auf Nordirland auf, was maßgeblich zur deutlichen Entschärfung des Nordirlandkonflikts beitrug. Bis in die 1990er-Jahre gehörte Irland zu den wirtschaftlich schwächsten Mitgliedsländern der EU. Seit Ende der 90er-Jahre hat sich dies durch Investitionen, die vornehmlich aus den USA stammen, deutlich geändert. Einer der Gründe dafür ist die geringe Unternehmenssteuer, die zu den niedrigsten innerhalb der EU gehört.

Dass die Abhängigkeit von ausländischen Investitionen auch Risiken mit sich bringt, musste Irland während der Finanzkrise 2007 erfahren, als das Land besonders hart getroffen wurde. Der Einschnitt war allerdings nur von vorübergehender Dauer und 2014 und 2015 hatte Irland sogar das größte Wirtschaftswachstum innerhalb der EU.

Geographie

Die irische Insel liegt im Atlantischen Ozean im Nordwesten Europas. Durch das raue Meer und unzählige Stürme entstand vor allem auf der Westseite eine wilde Küstenlinie mit vielen Inseln, Halbinseln und Buchten. Nach Großbritannien und Island ist sie mit ihren knapp 84.000 km² die drittgrößte Insel Europas und die zwanziggrößte der Welt. Die Republik Irland nimmt den kompletten südwestlichen Teil der Insel ein, während das deutlich kleinere Nordirland im Nordosten liegt und zu Großbritannien gehört. Von Großbritannien wird Irland durch die Irische See und den Nordkanal getrennt, im Süden liegt die Keltische See und im Westen der Atlantische Ozean. Typisch für die Insel sind die großen zentralen Ebenen, die von meist recht niedrigen, aber kargen Mittelgebirgszügen umgeben sind.

Die ältesten Gesteinsschichten der irischen Landmasse sind etwa 1,7 Milliarden Jahre alt und befinden sich auf der Insel Inishtrahull im Nordwesten von Irland. Vor etwa 600 Millionen Jahren wurde die Insel in zwei Teile getrennt, die sich vor 440 Millionen Jahren wieder vereinigten. Zu diesem Zeitpunkt lag Irland auf dem Breitengrad des heutigen Südafrika unter dem Meeresspiegel. Im Zuge der Wiedervereinigung der beiden Landmassen bildeten sich die Berge im Nordwesten der Insel. Anschließend wanderte Irland stetig in Richtung Norden und befand sich dabei teilweise über und teilweise unter dem Meeresspiegel. Die Jahrmillionen der Wanderung brachten vielfältige Veränderungen mit sich: Die zahlreichen sich von Nordosten nach Südwesten erstreckenden Hügelketten wurden geformt, durch Korallenriffe entstand Kalkstein, tropische Urwälder wurden zu Kohle umgewandelt, heißes Wüstenklima auf der Höhe von Nordafrika schuf die Karstlandschaft der Burren und es bildeten sich organische Ablagerungen, die heutzutage als Erdgas und Erdöl eine wichtige Stütze der irischen Wirtschaft darstellen.

Seit ungefähr 1,7 Millionen Jahren ist die Erde ständig wechselnden Warm- und Kaltzeiten ausgesetzt, die vor allem in Europa maßgeblich landschaftsbildend wirken. Während der Eiszeiten war Irland teilweise vollständig vergletschert. Noch heute zeugen u-förmige Gletschertäler, Kare und Oser, eine bahndammförmige Landform aus Schmelzwassersedimenten, von den vergangenen Eiszeiten.

Vor allem die küstennahen Gebirge unterscheiden sich stark in ihrer geologischen Struktur. In den Countys Galway, Down, Mayo und Wicklow bestehen die

Berge aus Granit, während die Gebirge im Nordosten aus Basalt geformt sind. Im Süden ist es wiederum alter roter Sandstein, aus dem sich die Berge aufbauen. Besonders bemerkenswert ist die Basaltformation Giant's Causeway im County Antrim ganz im Nordosten der Insel. Das UNESCO-Welterbe besteht aus etwa 40.000 gleichmäßigen Basaltsäulen, die sich 5 km entlang der Klippen erstrecken und schließlich im Meer enden. Das Alter der Säulen wird auf etwa 60 Millionen Jahre geschätzt.

Der Legende nach war es der Riese Fionn McCumhaill, der von seinem schottischen Widersacher Benandonner so heftig beleidigt wurde, dass er sich entschloss, den Damm zu bauen, um auf sicherem Wege nach Schottland zu gelangen. Eine weitere ungewöhnliche Landschaft sind die Burren im County Clare. Das Karstgebiet besteht aus freiliegenden, verwitterten Kalksteinfelsen, unter denen sich durch einfließendes Oberflächenwasser ein ausgedehntes Höhlensystem gebildet hat.

Obwohl die irische Insel zahlreiche Bergketten besitzt, erreichen lediglich drei Berge die 1.000-Meter-Marke. Die höchste Erhebung ist der Carrantuohill in den Macgillycuddy's Reeks im Südwesten der Insel mit 1.041 m Höhe. Die Macgillycuddy's Reeks bestehen aus von Gletschern geformten Sandsteinmassiven und beherbergen auch die anderen zwei Eintausender der Insel: den 1.010 m hohen Beenkeragh und den es mit seinen 1.001 m gerade so auf die prominente Liste schaffenden Caher. Längster Fluss Irlands und der gesamten Britischen Inseln ist der 386 km lange Shannon. Er trennt das morastige Binnenland vom Westen der Insel und bildet mit dem Lough Allen, dem Lough Ree und dem Lough Derg drei große Seen. Bis zum Bau der Eisenbahn war der Shannon die Hauptverkehrsader der Region. Mit dem 958 km² großen Bog of Allen liegt auch das größte Regenmoor der Insel am Fluss Shannon. Insgesamt besitzt Irland ungefähr 12.000 km² Marschland.

Die größte der irischen Inseln ist Achill Island im Nordwesten. Rund 2.600 Menschen leben auf der 146 km² großen Insel, die zu fast 90 % von unwirtlichen Torfmooren bedeckt ist. Die nächstgrößeren Inseln sind die Aran Islands, etwas weiter südlich im County Galway. Eine der bekanntesten Halbinseln ist die Dingle-Halbinsel im County Kerry. Zusammen mit dem auf der südlich anschließenden Iveragh-Halbinsel liegenden Ring of Kerry gehört sie zu den touristischen Hauptattraktionen im südwestlichen Irland.

Klima

Irland verfügt über ein gemäßigtes Klima und durch den Golfstrom ist es wesentlich milder als in anderen Gegenden des gleichen Breitengrads. Der Wind (und mit ihm der meiste Regen) kommt vorzugsweise aus Südwesten, weshalb beispielsweise auf

Valentia Island an der Westküste nahezu doppelt so viel Regen fällt wie in Dublin. Im Vergleich zum europäischen Festland sind Extremwetterlagen eher selten, dennoch kann es vor allem in den Wintermonaten zwischen Dezember und Februar zu schweren Orkanen mit Windgeschwindigkeiten von bis zu 160 km/h kommen.

Mit durchschnittlich fünf bis sieben Sonnenstunden sind Mai und Juni die sonnigsten Monate. Januar und Februar sind die beiden kältesten Monate, mit Durchschnittstemperaturen von 4 bis 7 °C sind sie im Vergleich zu Mitteleuropa aber immer noch äußerst mild. Juli und August sind mit 14 bis 16 °C die wärmsten Monate. Der meiste Niederschlag fällt zwischen August und Januar, während der Juli im Durchschnitt der trockenste Monat ist.

Bevölkerung

Früher bestand Irland aus den vier Provinzen Connacht, Leinster, Munster und Ulster, die sich wiederum in 32 Grafschaften (Countys) unterteilten. Während die Provinzen lediglich noch im Bewusstsein der Bevölkerung präsent sind, bilden die Grafschaften bis heute die Grundlage für die Verwaltungsgliederung der Insel. Die Countys Fermanagh, Tyrone, Londonderry, Antrim, Down und Armagh gehören zu Nordirland und somit zu Großbritannien. Die anderen 26 Countys gehören zu Irland. Die Städte Dublin, Cork und Galway haben zudem eine vom County unabhängige Stadtverwaltung. Auf der gesamten Insel leben etwa 6,2 Millionen Menschen, von denen sich der Großteil auf die Ostküste rund um die Städte Belfast und Dublin konzentriert. Mit 72 Einwohnerinnen und Einwohnern pro km² hat die Republik Irland eine im europäischen Vergleich sehr geringe Bevölkerungsdichte. Vor allem in der Mitte des 19. Jh. ging die Bevölkerungszahl aufgrund von Hungersnöten und Auswanderung drastisch zurück. In den 1960er-Jahren war mit einer Einwohnerzahl von lediglich 2,8 Millionen ein Tiefpunkt erreicht. Seitdem nimmt die Bevölkerung wieder langsam zu, auch wenn sie immer noch nicht den Stand zu Beginn des 19. Jh. erreicht hat. Im Ausland leben hingegen schätzungsweise 40 Millionen Menschen mit irischen Wurzeln – fast zehnmal so viele wie in Irland selbst.

Die Lebenserwartung in Irland ist hoch. Frauen leben aktuell 84,1 Jahre, Männer 80,4 Jahre. Im Jahr 2020 lebten 64 % der Bevölkerung Irlands in Städten – ein im europäischen Vergleich relativ niedriger Wert (in Deutschland sind es beispielsweise 77 % und in der Schweiz 73 %). Hauptstadt und mit bedeutendem Abstand größte Stadt der Republik Irland ist Dublin mit etwas mehr als 500.000 Einwohnerinnen und Einwohnern. Die zweitgrößte Stadt ist Cork ganz im Süden der Insel mit 210.000 Einwohnerinnen und Einwohnern, gefolgt von Galway (79.000) und Limerick (58.000).

Flora und Fauna

Zu Recht wird Irland die „grüne Insel" genannt. Saftige Wiesen und Weiden prägen vor allem im Landesinneren das Landschaftsbild. Da die irische Insel nach der letzten Eiszeit rasch durch den steigenden Meeresspiegel vom europäischen Festland isoliert wurde, ist die Artenvielfalt nicht ganz so ausgeprägt wie im restlichen Europa. Neben 30 Säugetierarten gibt es beispielsweise mit der Waldeidechse nur eine heimische Reptilienart und keine Schlangen. Andere Großtiere wie der Wolf, der Riesenhirsch und der Riesenalk sind inzwischen ausgestorben. Ein Sprichwort besagt, dass es in Irland mehr Schafe als Menschen gibt und wenn man die zahllosen Schafherden beobachtet, die so gut wie überall umherziehen, dann dürfte da auch wirklich etwas dran sein.

Das irische Nationaltier ist der Rothirsch, der heutzutage vor allem durch die Nationalparks streift. Fuchs, Kaninchen, Dachs und Marder kommen in den dünn besiedelten Landesteilen und in den größeren Wäldern häufiger vor. In den höher gelegenen Moorgebieten brütet das Schottische Moorschneehuhn und auch der Schneehase bevorzugt die kargen Hügellandschaften. Im Connemara-Nationalpark leben noch wilde Connemara-Ponys. Es gibt über 400 Vogelarten auf der Insel, was Irland zu einem beliebten Ziel für Ornithologinnen und Ornithologen macht. Ein absolutes Highlight für jeden Reisenden sind die Papageitaucher (Puffins). Die schwarz-weißen Vögel mit dem bunten, halbrunden Schnabel verbringen die meiste Zeit auf dem offenen Meer. Zur Brutzeit von April bis August nisten sie jedoch an den Klippen der Westküste, so beispielsweise an den Cliffs of Moher, am Horn Head in Donegal oder auf der Dingle-Halbinsel. Puffin Island ist der bekannteste Brutplatz und wird auf einem Bootsausflug zur Skellig Michael umrundet. Einer der größten Raubvögel der Erde, der Seeadler, ist seit einigen Jahren wieder im Killarney Nationalpark zu sichten, während über dem Glenveagh-Nationalpark der Steinadler seine Kreise zieht. Auch Kormorane, Rotkehlchen, Amseln und viele mehr fühlen sich in den irischen Naturräumen wohl. In der Irischen See gibt es 26 Arten von Walen und Delfinen und Irlands Westen gehört zu einem der besten Walbeobachtungsgebiete Europas. Vor allem im November kann man mit etwas Glück sogar Orcas sehen. Die Chancen, Seehunde oder Robben zu beobachten, stehen hingegen das ganze Jahr über gut.

Früher war Irland dicht bewaldet und die Eiche die vorherrschende Baumart. Die letzten Urwälder der Insel wurden allerdings bereits im 17. Jh. gerodet, um den enormen Rohstoffbedarf von Schiffswerften, Metallschmelzen und Glashütten zu decken, und zu Beginn des 20. Jh. war nur noch ein Prozent der Insel von Wald bedeckt. Durch spezielle Aufforstungsprogramme betrug der Waldbestand einhundert Jahre später bereits wieder zehn Prozent.

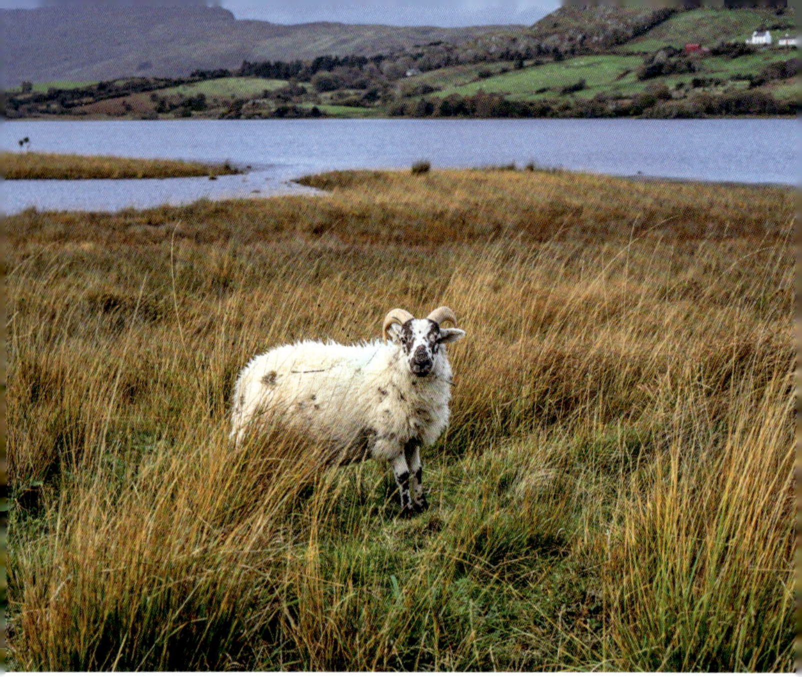

Schaf am Lough Corrib, 2. Etappe

Ein Großteil der Wälder wird jedoch intensiv forstwirtschaftlich genutzt und dient nicht gerade als Musterbeispiel für eine hohe Biodiversität. Der restliche Teil der Insel besteht meist aus Grasland, das als Schafweide genutzt wird, und aus unkultivierten Mooren, die teilweise zu den größten in Europa zählen. Charakteristisch für die offenen Flächen der Insel sind einzelne Weißdornbäume, die als Einzelkämpfer allen Widrigkeiten trotzen. Das milde, feuchte Klima sorgt dafür, dass die Flora abwechslungsreich und vielseitig ist. Selbst Palmen sind im Südwesten der Insel zu finden. Wenn Sie möglichst viele Arten auf einmal sehen möchten, sollten Sie einen Ausflug in den Burren-Nationalpark im County Clare einplanen. Das zerklüftete Land aus offen liegendem Kalkstein besitzt eine außergewöhnliche Pflanzenvielfalt. Dreiviertel der irischen Wildblumenarten kommen hier vor und nicht weniger als 23 Arten von Orchideen. Weitere typische Pflanzen in Irland sind der strahlend gelbe Ginster, das lila Heidekraut, das vorzugsweise in den Bergen gedeiht, und Wollgras, das den Mooren ihre weißen Tupfer verleiht.

Religion

Der Christianisierung der irischen Insel im 4. und 5. Jh. folgten die irische Klosterkultur und eine erste Blütezeit, in denen die irische Kultur in ganz Europa bekannt wurde. Auch der Nationalheilige St. Patrick lebte zu dieser Zeit, anfangs unfreiwillig, in Irland, wurde er doch von plündernden Sklavenhändlern in Großbritannien gefangen genommen und gegen seinen Willen an einen irischen Farmer verkauft. Schließlich konnte er fliehen, landete auf dem europäischen Festland und wurde dort Priester. Eines nachts hörte er die Stimmen des irischen Volkes, die ihn, wie er meinte, zurück auf die Insel riefen. Auf seine Bitte hin entsandte ihn Papst Coelestin I. anschließend nach Irland. Dort angekommen war St. Patrick äußerst fleißig, gründete Klöster, Schulen und Kirchen und übte seine Missionstätigkeit bis zu seinem Tod im März 461 aus. Tausende Irinnen und Iren soll er in dieser Zeit zum christlichen Glauben bekehrt haben. Etwa 100 Jahre später entwickelte sich St. Patrick zu einer Sagengestalt, soll er doch beispielsweise alle Schlangen von der Insel vertrieben haben. Wie so oft ist es auch im Falle des St. Patrick schwer, Legende und Wahrheit zu trennen. Dass es sich um eine reale Person handelt, wird allerdings von den meisten Historikern nicht angezweifelt.

Im ersten Jahrtausend nach Christus bestand in Irland ein bedeutendes Mönchtum und zahlreiche Klöster wurden gegründet. Viele irische Wandermönche zogen später auf das europäische Festland und gründeten dort eigene Mönchszellen, womit sie einen großen Beitrag zur Christianisierung Europas leisteten. Im 12. Jh. verlor die irische Kirche ihren Status als Weltkirche und in den folgenden Jahrhunderten kam es zu heftigen Machtkämpfen zwischen den irischen Bischöfen und den englischen Herrschern. Viele Klöster wurden verlassen und zerstört und zeitweise waren sogar katholische Gottesdienste verboten. Erst im 19. Jh. erholte sich die irische Kirche wieder von den Repressalien.

Die römisch-katholische Kirche auf der Insel Irland hat ihren Sitz im Erzbistum Armagh. Ihr gehören etwa 3,7 Millionen Katholikinnen und Katholiken (Irland und Nordirland), also etwa zwei Drittel der Gesamtbevölkerung an. 2,7 % gehören der anglikanischen Gemeinschaft an, 1,3 % sind Menschen muslimischen Glaubens und fast 10 % sind konfessionslos (Stand 2016).

Reise-Infos von A bis Z

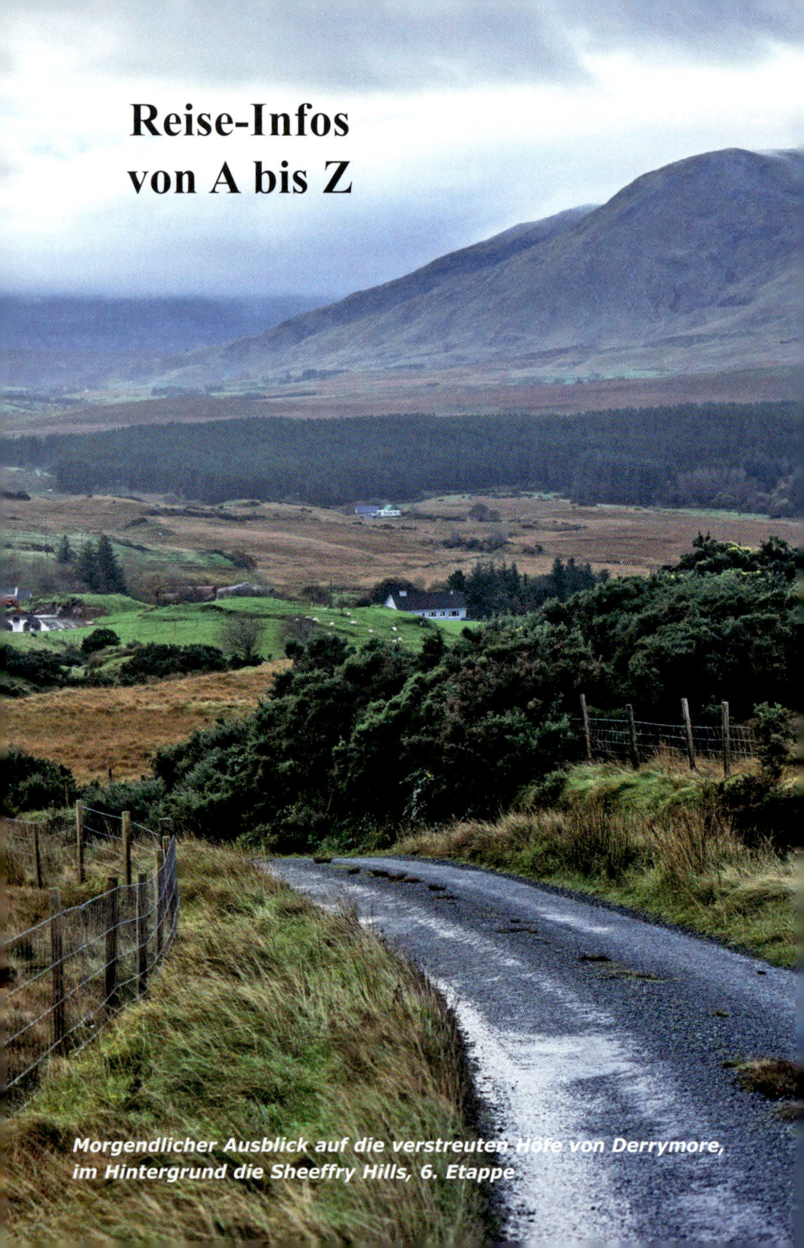

Morgendlicher Ausblick auf die verstreuten Höfe von Derrymore, im Hintergrund die Sheeffry Hills, 6. Etappe

An- und Abreise

Dreh- und Angelpunkt für Irlandreisende aus Mitteleuropa ist Dublin mit seinem internationalen Flughafen. Direktflüge aus Deutschland gibt es aktuell (Stand 2022) von Berlin (2 Std. 15 Min.), Düsseldorf (2 Std.), Köln (2 Std.), Nürnberg (2 Std. 15 Min.), Hamburg (2 Std.), Frankfurt (2 Std.) und München (2 Std. 30 Min.). Die wichtigsten Fluglinien sind Lufthansa, Aear Lingus und Ryanair. Von der Schweiz aus gibt es Direktflüge von Basel (2 Std. 15 Min.), Zürich (2 Std. 30 Min.) und Genf (2 Std. 30 Min) nach Dublin und in Österreich bedienen Aer Lingus und Ryanair die irische Hauptstadt von Wien aus (2 Std. 45 Min.).

Weitere internationale Flughäfen in Irland sind der Flughafen Cork im Süden, zu dem es saisonale Verbindungen von Salzburg, München, Frankfurt, Zürich und Genf gibt, und der Flughafen Knock (90 km nordöstlich von Galway), der saisonal von Köln aus angeflogen wird. Bis 2011 konnte auch direkt zum Galway Airport geflogen werden. Seitdem Aer Arann als letzte verbliebene Fluggesellschaft den Linienverkehr eingestellt hat, wurde der Flughafen allerdings geschlossen.

Da es mehrere Fährverbindungen von Großbritannien und Frankreich nach Irland gibt, ist es grundsätzlich auch möglich, auf den Flug zu verzichten. Vom französischen Roscoff gibt es mit Brittany Ferries eine wöchentliche Verbindung nach Cork und vom Hafen Cherbourgh eine Verbindung nach Rosslare. Die Überfahrt dauert bei beiden Fahrten etwa 12 Std. und die Preise belaufen sich bei zwei Personen und einem PKW auf ungefähr € 400. Irish Ferrys bietet wiederum mehrmals wöchentlich Verbindungen zwischen Cherbourgh und Dublin (10 Std. 45 Min.) und mehrmals täglich Verbindungen zwischen dem walisischen Pembroke und Rosslare (4 Std.) beziehungsweise zwischen Holyhead und Dublin (3 Std. 15 Min.) an. Zu guter Letzt bedient P&O Ferries ein- oder zweimal täglich die Verbindung Liverpool – Dublin (8 Std.). Bei all diesen Verbindungen ist allerdings mit sehr langen Anreisezeiten zu rechnen. Exemplarisch beträgt die reine Fahrzeit von Frankfurt nach Dublin mit Fährüberfahrt mindestens 28 Std., sodass sich dies vor allem in eine längere Reise sinnvoll einbinden lässt.

Grundsätzlich ist es auch möglich, ausschließlich mit öffentlichen Verkehrsmitteln und ohne Flugzeug nach Irland zu Reisen. Eine mögliche Verbindung wäre beispielsweise: Frankfurt – London (Flixbus, 17 Std. 30 Min.), London – Liverpool Bus Station (Megabus UK, 6 Std. 30 Min.), Liverpool Bus Station – Liverpool Hafen (Cumfybus, 20 Min.), Liverpool Hafen – Dublin (P&O Ferries, 8 Std.).

Der individuellen Kreativität sind hierbei natürlich wenig Grenzen gesetzt und eines ist sicher: Diese Art zu Reisen ist zwar bedeutend länger als der einfache Flug nach Dublin, dafür wird bereits die Anreise zu einem Erlebnis.

Offizieller Ausgangspunkt des Western Way ist die Kleinstadt Oughterard am Lough Corrib. Da Sie trotz vielfältiger Möglichkeiten am ehesten am Flughafen von Dublin irischen Boden betreten werden, müssen Sie von dort erst einmal nach Galway kommen. Zahlreiche Buslinien verkehren direkt zwischen dem Flughafen und der drittgrößten Stadt an der irischen Westküste. Die Fahrt dauert mit einer der stündlich abfahrenden Expresslinien von Citylink etwa 3 Std. und kostet € 20. Mit einer normalen Buslinie dauert die Fahrt eine Stunde länger. Von Dublin Heuston gibt es darüber hinaus eine direkte Bahnverbindung nach Galway. Die Zugfahrt dauert 2 Std. 30 Min. und ist mit Preisen ab € 14 etwas günstiger als der Bus. Oughterard wird von Galway aus mehrmals täglich per Bus (Citylink Linie 923 und Bus Éireann Linie 419) über die Nationalstraße 59 erreicht. Die Fahrt dauert 30 Min. und kostet bei Citylink etwa € 9.

Nicht ganz so einfach gestaltet sich die **Abreise** vom Endpunkt des Western Way am Windy Gap. Die nächsten Bushaltestellen gibt es in Bunnyconnellan (5,3 km westlich) und Drummartin (7,5 km östlich). Auch die Taktung ist hier recht übersichtlich, sodass der Tag der Ankunft am Windy Gap gut geplant werden sollte. Nähere Informationen zu den Abreisemöglichkeiten finden Sie am Ende der 13. Etappe.

Ausrüstung

Die wichtigste Ausrüstung ist in Irland sicherlich ein guter Regenschutz. Neben einer Regenjacke und wasserdichten Wanderschuhen sollten Sie deshalb auch eine Regenhose und einen Regenschutz für den Rucksack mitnehmen. Darüber hinaus lohnt es sich, die Wechselkleidung im Rucksack zusätzlich in wasserdichte Drybags zu packen. Obwohl der Western Way meist über gut ausgebaute Wege führt, sind für ein paar Abschnitte, wie zum Beispiel das Wegstück entlang des Erriff River, Gamaschen von Vorteil. Da es auch sehr stürmisch werden kann und die meist recht karge Landschaft nur wenig Schutz bietet, sollten Sie auch im Sommer eine warme Jacke einpacken.

Wenn Sie den kompletten Western Way laufen wollen, benötigen Sie für den nördlichen Abschnitt ein Zelt, da es zwischen Newport und Ballycastle auf fast 70 km keine Unterkunfts- und Einkaufsmöglichkeiten gibt. Am besten eignet sich ein 3-Jahreszeiten-Zelt mit einer guten Wassersäule. Zusätzlich zum Zelt gehören dann natürlich auch Isomatte, Schlafsack, Kocher, Brennmaterial, Kochutensilien und ausreichend Verpflegung mit in den Rucksack. Dies treibt zwar das

Gewicht, das Sie zu tragen haben, deutlich in die Höhe, dafür gehören die Abgeschiedenheit und das Zelten unter freiem Himmel auf diesem Teilstück sicherlich zu den Höhepunkten des Western Way. Da die Temperatur selbst im zeitigen Frühjahr und im Spätherbst nur selten unter 5 °C fällt, reichen in der Regel ein mittlerer Schlafsack und eine dünne Isomatte, um eine angenehme Nacht zu verbringen.

Diplomatische Vertretungen

In Irland

Ⓓ Botschaft der Bundesrepublik Deutschland, 31 Trimleston Avenue, Booterstown/Blackrock, Co. Dublin, ☎ 003 53/(0)1/277 61 00, ✉ info@dublin.diplo.de, 💻 www.dublin.diplo.de/ie-de

Ⓐ Österreichische Botschaft, 6 Ailesbury Road, Dublin 4, Co. Dublin, ☎ 003 53/(0)1/269 45 77, ✉ dublin-ob@bmeia.gv.at, 💻 www.bmeia.gv.at/oeb-dublin/

(CH) Schweizer Botschaft, 6 Ailesbury Road, Ballsbridge, Dublin 4, Co. Dublin, ☎ 003 53/(0)1/218 63 82, ✉ dublin@eda.admin.ch, 💻 www.eda.admin.ch/dublin

In Deutschland

♦ Botschaft der Republik Irland, Jägerstraße 6, 10117 Berlin, ☎ 00 49/(0)30/22 07 20, 💻 www.dfa.ie/irish-embassy/Germany/

In Österreich

♦ Botschaft der Republik Irland, Rotenturmstraße 16-18, 1010 Wien, ☎ 00 43/(0)1/715 42 46, 💻 www.dfa.ie/irish-embassy/austria/

In der Schweiz

♦ Botschaft der Republik Irland, Kirchenfeldstrasse 68, 3005 Bern, ☎ 00 41/(0)031/350 03 80, 💻 www.dfa.ie/irish-embassy/switzerland/

Einkaufen

Gerade der Westen Irlands ist nach wie vor ländlich geprägt und dünn besiedelt. Einkaufsmöglichkeiten gibt es daher, abgesehen von Galway, lediglich in Oughterard, Maum, Leenaun, Westport, Newport, Ballycastle, Killala und Ballina. Während die Läden in den Kleinstädten eher beschaulich sind und keine allzu große Auswahl bieten, gibt es in Westport und Ballina auch große Supermärkte. Die Lebensmittelpreise sind insgesamt etwas höher als in Deutschland.

Große Supermärkte haben in Irland unter der Woche meist bis 22:00 und selbst am Sonntag bis mindestens 20:00 geöffnet. Bei kleineren Läden kann dies natürlich etwas variieren, aber selbst der kleine Lebensmittelladen in Ballycastle hat jeden Tag von 9:00-21:00 geöffnet.

Da es zwischen Newport und Ballycastle keine Einkaufsmöglichkeit mehr gibt, sollten Sie spätestens in Newport Ihre Vorräte für die folgenden drei Etappen auffüllen.

Gaskartuschen (sowohl Stech- als auch Schraubkartuschen) und weitere Outdoorausrüstung können Sie in Galway, Oughterard, Westport und Ballina kaufen. Vor allem in Galway gibt es mehrere gut ausgestattete Geschäfte. Teilweise können Sie Gaskartuschen auch an Tankstellen oder in Baumärkten erwerben. Darauf verlassen sollten Sie sich aber nicht unbedingt. Falls Sie mit dem Zelt unterwegs sind, kaufen Sie besser eine mittlere Kartusche in Galway und falls das nicht reichen sollte, können Sie in Westport nach ziemlich genau der Hälfte der Strecken eine weitere kaufen.

Die Outdoorgeschäfte haben meist von Montag bis Samstag von 10:00-18:00 geöffnet.

Einreise und Zoll

Für die Einreise genügt ein gültiger Personalausweis oder Reisepass. Ein Visum ist nicht nötig.

Die Ein- und Ausfuhr von Waren unterliegt den Bestimmungen der Europäischen Union und die Mitnahme von in der EU versteuerten Waren für den Eigenbedarf ist problemlos möglich. Auch Lebensmittel können eingeführt werden, solange sie für den Eigenbedarf bestimmt sind. Obwohl es keine grundsätzlichen Kontrollen gibt, sind Stichproben jederzeit möglich.

Elektrizität

Die Netzspannung beträgt in Irland wie in Deutschland, Österreich und der Schweiz 230 Volt bei einer Frequenz von 50 Hertz. Da allerdings Steckdosen vom Typ G verwendet werden, benötigen Sie einen entsprechenden Adapter. Auch die Typ-J-Stecker aus der Schweiz sind damit nicht kompatibel. In manchen Unterkünften und Bussen gibt es auch USB-Anschlüsse zum Laden.

Essen und Trinken

Da die Infrastruktur entlang des Western Way insgesamt eher überschaubar ist, sollten Sie immer etwas zu essen und zu trinken im Rucksack haben. Möglichkeiten zum Einkehren oder Einkaufen gibt es während der einzelnen Etappen so gut wie nicht. Die höchste Dichte an Restaurants und Pubs befindet sich noch vor dem Start des Western Way in der quirligen Studentenstadt Galway. Hier wird sicherlich jeder etwas Passendes finden. Restaurants und Pubs gibt es außerdem im Startort Oughterard und in den Etappenorten Leenaun, Westport, Newport, Ballycastle, Killala und Ballina. Auch in Maum gibt es einen Pub, dafür müssten Sie allerdings einen kleinen Umweg in Kauf nehmen. In der Gastronomie ist ein Trinkgeld von 5-10 % üblich.

☺ Das Leitungswasser ist in Irland überall bedenkenlos trinkbar.

Unterwegs können Sie Ihre Trinkflasche auch in einem der zahlreichen Bäche oder Seen auffüllen. Aufgrund der vielen Schafe sollten Sie das Wasser aber auf jeden Fall mit Chlortabletten desinfizieren oder einem Filter reinigen.

Die irische Küche besteht traditionell aus eher einfacher Hausmannskost. Vor allem das klassische irische Frühstück (Full Irish Breakfast) ist für Menschen aus Mitteleuropa ungewohnt deftig. Es besteht aus Speck, gebratener Blut- und/oder Leberwurst sowie kleinen fettigen Würstchen. Außerdem gibt es Eier (meist Rühr- oder Spiegeleier), Bohnen, gebratene Tomaten, Toast, Butter und Marmelade. Dazu wird meist ein kräftiger Schwarztee (Irish Breakfast Tea) mit Milch sowie Orangensaft getrunken. Obwohl das Frühstück als traditionell irisch beworben wird, stand es früher meist vor allem der höheren englischen Gesellschaft zur Verfügung. Falls Ihnen Würstchen und Speck am frühen Morgen zu deftig sind, finden Sie in jedem Bed and Breakfast auch ein sogenanntes kontinentales Frühstück (Brot oder Croissant mit Marmelade oder Wurst, Müsli) oder Porridge als Alternative.

Bekannte irische Hauptgerichte sind Irish Stew, ein Eintopf aus Kartoffeln, Karotten, Zwiebeln und Hammel- oder Lammfleisch (heutzutage wird oft Rindfleisch verwendet) sowie Colcannon, ein Eintopf aus Kartoffeln und Grünkohl. Beide Gerichte werden heutzutage allerdings nicht mehr so häufig gegessen und vor allem Colcannon dient inzwischen meist eher als Beilage. Meeresfrüchte sind aufgrund der Nähe zum Atlantischen Ozean natürlich auch beliebt. Die Bandbreite reicht von den Fish and Chips im Imbiss bis hin zu Austern, Jakobsmuscheln und Hummer in der gehobenen Küche. International bekannt ist auch das Guinness, ein cremiges, schwarzes Bier, das vor allem abends im Pub getrunken wird.

Geld

Wie auch in Deutschland wurde in Irland im Jahr 2002 der Euro eingeführt. Geldautomaten gibt es in allen größeren Ortschaften, dabei wird allerdings eine Gebühr für die Nutzung von Girokarten von Fremdbanken erhoben. Diese Gebühr bewegt sich um € 5-10 und wird pro Abhebung berechnet. In Irland wird in der Regel mit Karte oder Handy gezahlt. Ist im Restaurant eine Barzahlung meist dennoch problemlos möglich, so können Sie beispielsweise in vielen Fernbussen nur noch mit Karte bezahlen.

Hunde

Ein Großteil des Western Way führt durch privates Farmland, auf dem die für Irland so typischen Schafherden unbewacht und verstreut vor sich hin grasen. An fast allen Grundstückszäunen zu den Weidegebieten sind Verbotsschilder für Hunde angebracht. Dementsprechend ist es nicht möglich, den Western Way mit einem Hund zu wandern. Da sich in der Vergangenheit scheinbar nicht alle an die Vorgaben gehalten haben, machen einzelne Schilder unmissverständlich klar, was die Farmer davon halten. Sogar mit Schusswaffengebrauch wird gedroht: „Shot Dead, No Exceptions!" Es bleibt zu hoffen, dass sich alle an die Vorgaben halten, um keine weiteren Konflikte zu provozieren.

Informationen

In Galway, Newport, Westport und Ballina gibt es Fremdenverkehrsämter. Zwischen Newport und Bellacorick durchqueren Sie den Wild Nephin National Park. Die Parkbehörde betreibt in Ballycroy ein sehr informatives Besucherzentrum (Ballycroy Visitor Centre), das allerdings etwas abseits des Western Way an der N59 liegt.

Vor der Reise können Sie sich auf der offiziellen deutschsprachigen Internetseite von Tourism Ireland informieren:

💻 www.ireland.com/de-de

Speziell zum Western Way gibt es folgende Internetseiten:

💻 www.thewesternway.ie

♦ www.sportireland.ie/outdoors/walking/trails/western-way-galway

♦ www.sportireland.ie/outdoors/walking/trails/western-way-mayo

Auf Youtube gibt es darüber hinaus noch zwei schöne Videos über den Western Way (von Nord nach Süd) von Tough Soles:

Mayo Section: www.youtube.com/watch?v=Qc7J9SKnmCE

Galway Section: www.youtube.com/watch?v=ED9vQBNsmUU

Karten und GPS

Da die kleinen Siedlungen wie Ballygally in Irland keine Ortstafeln oder sonstigen Hinweisschilder haben, sollten Sie auf jeden Fall eine gute Karte dabeihaben. Ansonsten kann die Orientierung mitunter schwierig werden.

Als zusätzliches Kartenmaterial zu den Karten in diesem Buch bieten sich beispielsweise die OSI Discovery Maps (Ordnance Survey Ireland) im Maßstab 1:50.000 an. Die Kartennummern 45, 44 (nur ca. 1,8 km), 38, 37 und 31 decken den südlichen Bereich zwischen Oughterard und Westport und die Kartennummern 24 und 23 den nördlichen Bereich des Western Way zwischen Westport und dem Windy Gap ab. In Deutschland können Sie die Karten im Reisebuchhandel und in Irland in gut sortierten Outdoorgeschäften, der Touristinfo oder Buchläden erwerben.

Sie können die Karten natürlich auch schon vorab im Internet bestellen.

www.das-landkartenhaus.de

☺ Die Kartenempfehlungen wurden von der Geobuchhandlung Kiel überprüft. www.geobuchhandlung.de

Die GPS-Tracks zu den beschriebenen Wegen können Sie auf der Internetseite des Verlags herunterladen. www.conrad-stein-verlag.de

GPS *Grundlagen · Tourenplanung · Navigation* von Michael Hennemann, Conrad Stein Verlag, Basiswissen für draußen, ISBN 978-3-86686-769-7, ca. € 12,90, Neuauflage 2023

Klima und Reisezeit

Grundsätzlich kann der Western Way das ganze Jahr über begangen werden, da das Wetter aufgrund des atlantischen Klimas keine allzu großen jahreszeitlichen Schwankungen aufweist. Die Winter sind mit durchschnittlichen Temperaturen von etwa 6 °C mild. Frost und eine geschlossene Schneedecke gibt es außerhalb der Bergregionen nur selten.

Die Sommer sind eher kühl und Temperaturen von über 30 °C eine Seltenheit. Mit einer Durchschnittstemperatur von 16,1 °C ist der Juli der wärmste Monat. Sie sollten sich bewusst sein, dass der Bereich des Western Way zu den niederschlagsreichsten Regionen in Europa gehört (teilweise bis über 2.800 mm im Jahr, zum Vergleich: Frankfurt 630 mm). Regen fällt das ganze Jahr über sehr regelmäßig; durchschnittlich an zwölf bis siebzehn Tagen im Monat. Dennoch sind die Niederschlagssummen zwischen August und Januar deutlich höher als im Rest des Jahres. April, Mai und Juli sind in der Regel die trockensten Monate.

Der Wind weht meist aus südwestlicher oder westlicher Richtung und kann sich gerade im Herbst und Winter zu teilweise heftigen Stürmen entwickeln, was aufgrund des offenen Landes, das nur wenig Schutz bietet, nicht unterschätzt werden sollte. Aufgrund der nördlichen Lage gibt es bereits relativ lange Sommertage und entsprechend kurze Tageslängen im Winter. Am 21. Juni ist um 5:05 Sonnenaufgang und erst um 22:09 Sonnenuntergang. Am 21. Dezember ist es wiederum lediglich 7 Std. 35 Min. hell. Die Sonne geht um 8:46 auf und bereits wieder 16:21 unter. Auch dies sollte bei der Tourenplanung berücksichtigt werden, falls eine Begehung des Western Way im Spätherbst oder gar im Winter ins Auge gefasst wird.

Am Ende kristallisieren sich dann doch zwei zu empfehlende Reisezeiten heraus: Das Frühjahr und der Herbst. Im Frühjahr ist es vergleichsweise trocken, es gibt noch keine Mücken und es ist schon wieder recht lange hell. Allerdings dominiert im Frühjahr ein dezentes Braun die grüne Insel, da die Natur meist noch etwas Zeit braucht, bis sie in die Gänge kommt. Der Herbst ist zwar deutlich niederschlagsreicher, dafür bietet die Landschaft einen wunderschönen Farbkontrast zwischen den saftig grünen Wiesen und dem rotbraunen Moor. Auch Mücken gibt es im (späten) Herbst bereits keine mehr.

Literatur

Auf der Internetseite des Autors findet sich ein hoffentlich recht kurzweiliger Bericht über eine Begehung des Western Way im November 2021. Darüber hinaus gibt es aktuell (noch) keine deutschsprachigen Veröffentlichungen – bisher ist der Weg also auf jeden Fall ein Geheimtipp.

💻 www.sebastian-steude.de/reportagen/irland.html

📖 Das Buch „Durch Connemara – Mit dem Eselskarren in Irland" von Somerville & Ross ist nicht nur ein wunderbarer, selbstironischer Reisebericht, sondern auch eine scharfsinnige Auseinandersetzung mit den großen sozialen und politischen Umbrüchen im Irland des 19. Jahrhunderts.

Markierungen

Vor allem der erste Abschnitt von Oughterard bis Westport ist sehr gut markiert. An Kreuzungen gibt es Wegweiser oder markante Stelen und auch dazwischen finden sich immer wieder Markierungsplaketten mit dem gelben und von seiner Last doch scheinbar sehr gebeutelten Wanderer. Ab dem Sheskin Forest werden die Markierungen etwas spärlicher und teilweise fehlen die Stelen an Kreuzungen beziehungsweise sind sie so zugewachsen, dass sie auf den ersten Blick nicht zu sehen sind. In diesem Bereich sollten Sie also aufmerksam unterwegs sein.

Wegweiser in der Nähe von Derrymore, 6. Etappe

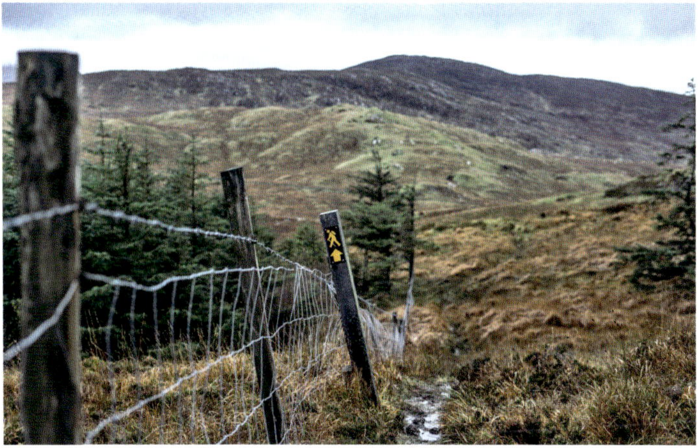

Medizinische Versorgung

Ärzte und Apotheken gibt es in allen größeren Städten am Western Way. Eine kleine Reiseapotheke mit Pflastern, Verbandsmaterial, aber auch Mitteln gegen die häufigsten Reiseerkrankungen wie Erkältung, Durchfall oder Kopfschmerzen sollten Sie grundsätzlich dabeihaben. Falls Sie zu Muskelkrämpfen neigen, lohnt es sich auch, ein paar Magnesiumtabletten einzupacken.

Darüber hinaus ist es empfehlenswert, vor Abreise eine Auslandskrankenversicherung abzuschließen. Die Kosten belaufen sich auf wenige Euro im Jahr und im Falle des Falles erleben Sie keine böse Überraschung, was Behandlungs- oder Transportkosten betrifft.

Notruf

Die einheitlichen Notrufnummern in Irland lauten 112 (EU-weite Notrufnummer) oder 999. Unter diesen Nummern sind Feuerwehr, Krankenwagen, Notarzt und Polizei jederzeit erreichbar. Daneben gibt es noch Mountain Rescue Ireland, die irische Bergrettung. Für das südliche Gebiet, durch das der Western Way verläuft, ist das Galway Mountain Rescue Team und für den nördlichen Teil das Mayo Mountain Rescue Team verantwortlich. Auch die Bergrettung kann über eine der beiden Notrufnummern verständigt werden.

Post

Postfilialen gibt es in Oughterard, Leenaun, Westport, Newport, Ballycastle, Killala und Ballina. Hier können Sie Postkarten und Briefmarken kaufen. Das Porto für eine Postkarte von Irland nach Deutschland, Österreich oder in die Schweiz beträgt aktuell € 2,20 (Stand 2022).

Die Filialen haben in der Regel von Montag bis Freitag von 9:00-17:30 (teilweise mit einer Stunde Mittagspause) und am Samstag von 9:00-13:00 geöffnet.

Radfahren

Der Western Way wurde als reiner Wanderweg konzipiert. Dennoch ist es grundsätzlich möglich, den Weg auch mit dem Mountainbike zu befahren. Allerdings gibt es mehrere schmale, sumpfige Abschnitte und Bohlenstege, auf denen das Radfahren nicht möglich ist und die entsprechend umfahren werden müssen.

Eine sehr beliebte Alternative für Radfahrerinnen und Radfahrer ist beispielsweise der Great Western Greenway. Der 44 km lange Weg führt von Westport über Newport nach Achill und ist die längste durchgehend autofreie Radroute in Irland.

www.greenway.ie

Sprache

In Irland gibt es zwei Amtssprachen: Englisch und Irisch. Das aus der keltischen Sprachfamilie stammende Irisch-Gälisch wird heutzutage allerdings nur noch von etwa 30 % der Bevölkerung gesprochen und lediglich 5 % nutzen die Sprache auch im Alltag. In schriftlicher Form ist das Irische hingegen im ganzen Land anzutreffen. Offizielle Ausschilderungen, so beispielsweise Orts- und Straßenschilder, sind nicht nur auf Englisch, sondern auch auf Irisch beschrieben.

In Teilen der Gaeltacht (Gebiete, in denen noch das Irisch die offiziell vorherrschende Sprache ist) sind Orientierungshilfen dieser Art auch nur auf Irisch ausgewiesen. Die meisten für private Zwecke veröffentlichten Hinweise und Erklärungen, beispielsweise Speisekarten in Restaurants, sind dagegen üblicherweise nur auf Englisch geschrieben.

Vor allem auf den ersten Etappen und im Norden, im Gebiet rund um Ballycastle, bewegt sich der Western Way durch Gaeltacht. Dennoch wird Englisch auch hier von allen Einheimischen verstanden und gesprochen.

Telefon und Internet

Die wichtigsten Landesvorwahlen sind:

- ▷ Irland ✆ 00 3 53
- ▷ Deutschland ✆ 00 49
- ▷ Österreich ✆ 00 43
- ▷ Schweiz ✆ 00 41

Wie in allen EU-Ländern gelten bei der Handynutzung inzwischen auch in Irland die nationalen Vertragsbedingungen. Teure Roaminggebühren gehören damit der Vergangenheit an. Vor allem im nördlichen Teil des Weges zwischen Newport und Ballycastle gibt es allerdings auch noch größere Bereiche ohne Mobilfunkabdeckung. In den meisten Unterkünften und an vielen öffentlichen Orten, wie beispielsweise am Flughafen von Dublin, gibt es frei zugängliches WLAN.

Unterkünfte

Mit 20 beziehungsweise 23 Einwohnerinnen und Einwohnern pro km^2 gehören die Countys Galway und Mayo zu den am dünnsten besiedelten Regionen in Irland (zum Vergleich: Kreis Soest 228 Ew. pro km^2). Auch touristisch gehört der Nordwesten der Insel zu den eher weniger besuchten Gebieten und dementsprechend lückenhaft ist die Infrastruktur rund um den Western Way. Der südliche Teil ist noch einigermaßen gut erschlossen und auch wenn die Auswahl überschaubar ist und eine genaue Planung erfordert, so gibt es doch in relativ regelmäßigen Abständen Pensionen in der Nähe des Weges.

Auf dem nördlichen Abschnitt sieht es etwas anderes aus. In Westport und Newport gibt es noch eine Vielzahl an unterschiedlichen Übernachtungsmöglichkeiten, bevor Sie auf den anschließenden 70 km bis Ballycastle völlig auf sich gestellt sind.

Auf dem Teilstück durchqueren Sie unter anderem die zwei großen Waldgebiete des Letterkeen und des Sheskin Forest. Im Letterkeen gibt es zwar noch einen offenen Unterstand, in dem Sie übernachten können, für das Teilstück sollten Sie aber dennoch auf jeden Fall ein Zelt und entsprechende Campingausrüstung dabeihaben. Als Teil der Wild Nephin Wilderness Area ist das Zelten im Letterkeen Forest nur an ausdrücklich ausgewiesenen Stellen erlaubt. Neben dem besagten Unterstand am Ende der 8. Etappe, dem Altnabrocky Shelter, ist dies noch auf einer Wiese am Altacooney River etwas nördlich der Brogan Carroll Bothy möglich. Aufgrund der Waldbrandgefahr gibt es an den offiziellen Wildcampingplätzen betonierte Feuerstellen und Sie müssen sich im Vorfeld registrieren. Im Sommer gibt es an den Eingängen zur Wilderness Area Schilder, die über die aktuelle Waldbrandgefahr informieren. Es gibt vier Stufen: grün, gelb, orange und rot. Bei Orange und Rot ist das Campen im Wildnisgebiet verboten!

www.campingwildnephin.com

Auch im nördlich gelegenen Sheskin Forest werden Sie zelten müssen. Da sich das meiste Land in Privatbesitz befindet und für Weidevieh benutzt wird, ist das wilde Zelten in Irland zwar nicht offiziell erlaubt, gerade in den abgelegenen Berggebieten wird es aber toleriert. Verhalten Sie sich entsprechend defensiv und rücksichtsvoll, dürften Sie auch keine Probleme bekommen und bei meinem Besuch im November 2021 hat mir sogar die Polizei Tipps gegeben, wo ich im Sheskin Forest gut zelten kann. Allerdings sollten Sie auf ein Lagerfeuer verzichten, gerade die Forstbehörde versteht bei diesem Thema aufgrund der Waldbrandgefahr keinen Spaß. Befinden Sie sich auf klar ersichtlichem Privatland oder in der Nähe eines Farmhauses, sollten Sie dort auf jeden Fall um Erlaubnis fragen, um keine Probleme zu bekommen. Auf dem weiteren Abschnitt zwischen Ballycastle und Ballina gibt es wieder in jedem Etappenort mehrere Übernachtungsmöglichkeiten. Die Unterkünfte haben in Irland meist einen guten Standard. Böse Überraschungen sind natürlich nie ausgeschlossen, aber insgesamt sehr selten. Fast jede Unterkunft bietet auch Frühstück an, meist ist es jedoch nicht im Übernachtungspreis enthalten und muss beim Einchecken extra bestellt und bezahlt werden. Vor allem in der Hauptsaison sollten Sie die Unterkünfte auch frühzeitig buchen, da die Möglichkeiten in dieser Region, wie bereits gesagt, eher überschaubar sind.

Da die Recherche zu dem vorliegenden Führer leider ausgerechnet während der Coronapandemie stattfand, hatte der Autor mit einer großen Fluktuation bezüglich der Unterkünfte zu kämpfen. Auch bei den aufgeführten Übernachtungsmöglichkeiten kann leider keine Gewähr dafür übernommen werden, dass es sie in ein paar Monaten noch gibt.

Sollte sich auf Teufel komm raus keine vernünftige Übernachtungsmöglichkeit auftun, können Sie natürlich auch freundlich bei der nächsten Farm nachfragen, ob Sie nicht dort das Zelt aufschlagen dürfen. Die Einheimischen sind äußerst gastfreundlich und mit etwas Glück werden Sie nicht nur zelten dürfen, sondern auch gleich zum Tee eingeladen. Dass das Grundstück anschließend wieder so verlassen wird, wie es vorgefunden wurde, versteht sich von selbst.

Als weitere Möglichkeit können Sie sich natürlich auch eine Unterkunft suchen, die nicht direkt am Western Way liegt und entweder direkt bei der Buchung mit dem Besitzer einen Abhol- und für den folgenden Morgen einen Bringdienst ausmachen oder ein Taxi bestellen.

Updates

Der Conrad Stein Verlag veröffentlicht Updates zu diesem Buch, die direkt vom Autor oder von den Lesern dieses Buches stammen. Sie finden diese auf der Verlagshomepage www.conrad-stein-verlag.de. Der rechts abgebildete QR-Code führt Sie direkt dorthin.

Verkehrsmittel

Das ÖPNV-Netz besteht in Irland hauptsächlich aus Bussen, die einerseits als große Reisebusse die Hauptorte der Insel mit der Hauptstadt Dublin und in ihrer kleinen Ausgabe die verstreuten Gemeinden untereinander verbinden. In den großen Orten wie Galway oder Ballina gibt es meist zentrale Busbahnhöfe mit Infoschaltern. Tickets können Sie entweder im Internet bestellen oder am Automaten beziehungsweise beim Busfahrer direkt kaufen. Während die Hauptverbindungen mehrmals am Tag und vor allem Verbindungen ab oder zum Flughafen Dublin sogar stündlich angeboten werden, ist die Taktung der kleinen Linien auf dem Land eher sporadisch und im Extremfall fährt der Bus nur an ein oder zwei Tagen in der Woche. Es lohnt also, sich frühzeitig zu informieren. Fahrpläne für die Verbindungen finden Sie meist problemlos im Internet. Auch erkenntliche Bushaltestellen mit einem Schild oder einem Bushäuschen sind auf dem Land eine Rarität. Die Busse halten meist an markanten Kreuzungen, der Hauptstraße oder der Kirche. Im Zweifel sollten Sie einfach in einem Geschäft oder bei Vorbeikommenden nachfragen, wo der Bus denn genau hält.

Die Verbindungsmöglichkeiten zwischen den einzelnen Etappenorten des Western Ways sind bei den Ortschaften angegeben.

Informationen zu den Reiseverbindungen innerhalb Irlands finden Sie außerdem im Internet unter:

- ▷ Citylink, 💻 www.citylink.ie
- ▷ Bus Éireann, 💻 www.buseireann.ie
- ▷ Irish Rail, 💻 www.irishrail.ie

Wanderpauschalen

Es gibt mehrere Reiseveranstalter, die den Western Way im Programm haben:

- ▷ Highländer Reisen (💻 www.highlaender-reisen.de) bietet eine achttägige Reise an. Vom Startpunkt Galway geht es zum Wandern auf die Aran-Inseln und anschließend nach Maum, von wo aus in vier Etappen auf dem Western Way bis nach Westport gewandert wird. Die Reise kostet € 895 pro Person. Im Preis sind sieben Übernachtungen im Doppelzimmer mit Frühstück, Gepäcktransport, alle Transfers und ein Wander- und Infopaket inbegriffen.
- ▷ ASI Reisen (💻 www.asi-reisen.de) hat ebenfalls eine achttägige Reise im Programm. In fünf Etappen und mit einem Ruhetag geht es dabei von Oughterard bis nach Westport. Die Kosten belaufen sich auf € 659 pro Person. Der Preis beinhaltet sieben Übernachtungen mit Frühstück, Gepäcktransport, alle Transfers und detaillierte Routenbeschreibungen inklusive Kartenmaterial.
- ▷ Auch Lion Tours (💻 www.lion-tours.de) bietet eine mehrtägige Reise durch den Westen Irlands an. Neben der Besichtigung der Cliffs of Moher und der Aran-Inseln gehört auch die zweitägige Wanderung auf dem Western Way von Maum nach Leenaun zum Bestandteil der Reise. Eine anschließende Tagestour auf dem Famine Trail am Killary Harbour rundet das Angebot ab. Die Reise dauert acht Tage und kostet ab € 869 pro Person. Im Preis sind sieben Übernachtungen im Doppelzimmer mit Frühstück, Gepäcktransport, alle Transfers und ausführliche Reiseunterlagen enthalten.

Zeit

Irland liegt in der Zeitzone der Greenwich Mean Time (GMT) und weicht dementsprechend um eine Stunde von unserer mitteleuropäischen Zeit (MEZ) ab. Wenn es bei uns 16:00 ist, ist es in Irland 15:00. Genau wie in Deutschland, Österreich und der Schweiz gibt es in Irland Sommer- und Winterzeit.

Der Western Way in 13 Etappen

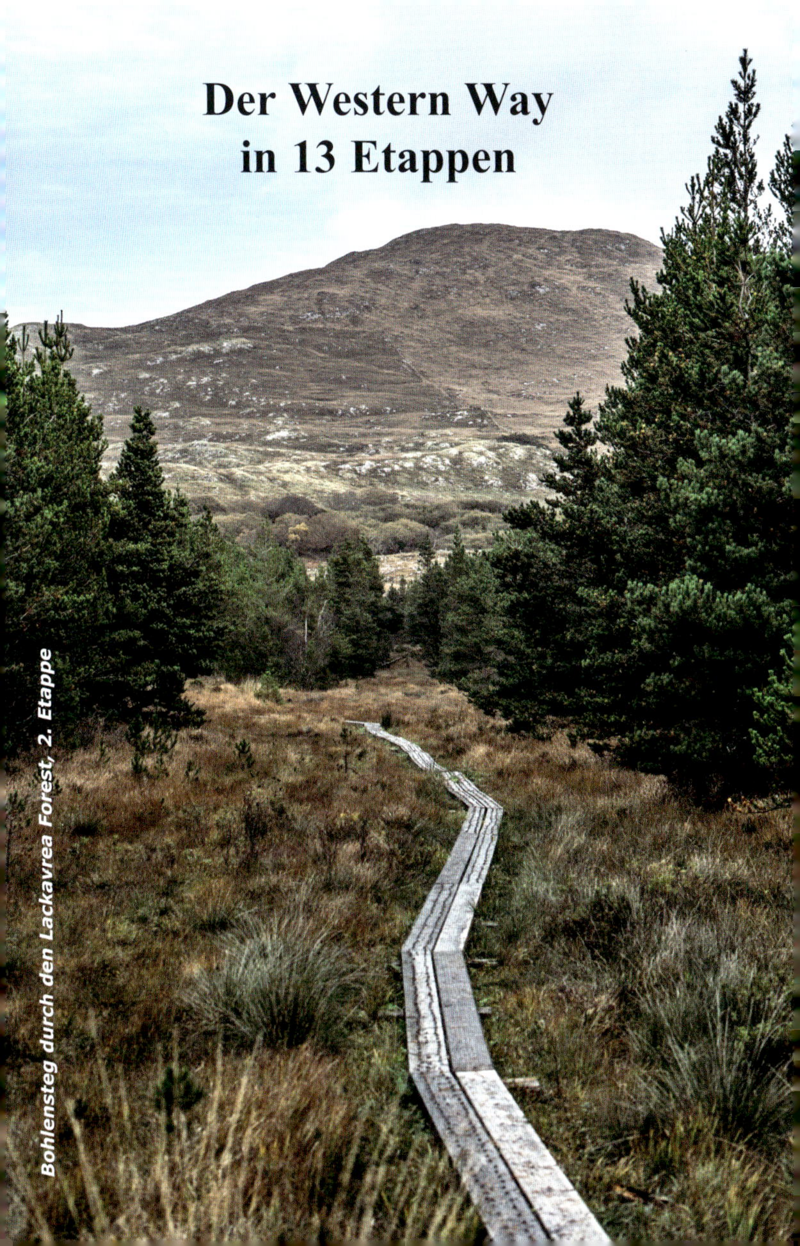

Bohlensteg durch den Lackavrea Forest, 2. Etappe

☺ Falls Sie den Western Way klassisch von Süd nach Nord laufen, ist ein kurzer Zwischenstopp in **Galway** (irisch: Gaillimh) fast obligatorisch. Die 80.000 Einwohnerinnen und Einwohner zählende Hafenstadt ist die drittgrößte Stadt in Irland und die größte Stadt im Westen der Insel. Darüber hinaus ist Galway Hauptstadt des gleichnamigen Countys. Der Name Galway leitet sich vom Fluss Corrib (irisch: An Ghaillimh) ab, was so viel wie „die Steinige" heißt. Die frühesten Siedlungsspuren gehen auf ein Kloster zurück, das im Jahr 807 von Wikingern geplündert wurde und von dem noch der Stumpf eines Rundturms und einige Grabsteine erhalten sind. Bis in die 50er-Jahre war Irisch noch die Hauptumgangssprache in Galway. Vor allem auch durch den Hochschulbau dominiert inzwischen jedoch Englisch.

Seit den 1990er-Jahren erlebt die Stadt ein starkes Bevölkerungswachstum. Sicherlich auch durch die vielen Studierenden besitzt Galway ein reichhaltiges kulturelles Angebot und vor allem eine sehr lebendige Pub- und Restaurantszene, wie sie für Irland typisch ist. Eine Vielzahl der Pubs bietet regelmäßig oder sogar täglich Livemusik an. Die Bandbreite reicht dabei von traditioneller irischer Musik bis hin zu modernem Pop. Aufgrund der Küstenlage gibt es in Galway viele gute Fischrestaurants, darüber hinaus gibt es aber auch eine große Auswahl an Restaurants mit ausländischer Küche und kleinen Take-away-Läden.

Offizieller Startpunkt des Western Way ist die kleine Ortschaft Oughterard, die nordwestlich von Galway an der N59 in Richtung Clifden liegt. Von hier aus wandern Sie in 13 Etappen 240 km durch die irischen Countys Galway und Mayo, die vor allem für ihr reiches kulturelles Angebot und ihre ursprüngliche Landschaft weithin bekannt sind, bis an die Countygrenze nach Sligo.

Oughterard B&B BANK

Connemara Lake Hotel, Main Street, Fough West, Oughterard, Co. Galway, ☏ 091/86 60 16, info@connemaralake.com, www.connemaralake.com, direkt am Weg, 3 Sterne, ÜF DZ ab € 110, . An das Hotel ist ein Restaurant angeschlossen, in dem auch auswärtige Gäste willkommen sind. Die Gerichte reichen von klassischer, irischer Küche bis zu Burgern. Auch glutenfreie und vegane Gerichte werden hier angeboten – einfach beim Kellner nachfragen, Öffnungszeiten bitte telefonisch erfragen.

♦ The Boat Inn, The Square, Fough West, Oughterard, Co. Galway, ☏ 091/55 21 96, info@theboatinn.ie, www.theboatinn.ie, direkt am Weg, 2 Sterne, ÜF DZ ab € 110, . Vormittags gibt es im Restaurant Tee, Kaffee, Suppen, Sandwiches und Scones. Von 12:00-21:00 gibt es täglich Hauptgerichte. Es werden hausgemachte Burger (auch vegetarisch), Fisch, Steak und Salate zu vernünftigen Preisen angeboten. Eine große Auswahl an Beilagen und Desserts runden das Bild ab, Mo-So 10:30-22:00.

B&B Camp Street Café, Camp St, Fough West, Oughterard, Co. Galway, 091/86 60 66, carbury@hotmail.com, 70 m vom Weg entfernt, Ü DZ ab € 84. Das Camp Street Café ist ein kleines, familiengeführtes Café. Es werden vor allem Pizza und irische Gerichte angeboten. Die Einrichtung ist sehr gemütlich, manchmal Livemusik, Mo-Do 10:00-22:00, Fr und Sa 15:00-22:30, So 16:00-21:00.

B&B Carrowntober House B&B, Billamore, Oughterard, Co. Galway, 091/55 21 66, carrowntoberhouse@gmail.com, www.carrowntoberhouse.ie, 650 m vom Weg entfernt, ÜF DZ ab € 108,

♦ Western Way B&B, Camp St, Fough West, Oughterard, Co. Galway, 091/55 24 75, westernwaybb@hotmail.com, www.westernwaybb.com, 200 m vom Weg entfernt, Ü DZ ab € 80, 1. März-31. Oktober,

♦ Riverwalk House B&B, Carrowmanagh, Fough West, Oughterard, Co. Galway, 091/55 27 88, www.riverwalkhouse.com, direkt am Weg, ÜF DZ ab € 106,

Highlander Pizzeria, 2 Main St, Fough West, Oughterard, Co. Galway, 091/55 25 05, Mo-Do 15:00-0:00, Fr und Sa 15:00-3:00, So 15:00-1:00, kleiner Imbiss, Pizza, Fish and Chips, Burger, Döner und Sandwiches zu günstigen Preisen

Connemara Greenway Café & Restaurant, Main Street, Fough West, Oughterard, Co. Galway, 091/86 66 45, Mi-Sa 12:00-15:00, 18:00-20:30, So 12:00-16:00, Mo und Di geschlossen. Das Connemara Greenway ist ein kleines, gemütliches Café direkt an der Hauptstraße. Es gibt klassisches irisches Frühstück, leckere Hauptgerichte, viele Salate und natürlich liebevolle Desserts sowie guten Kaffee.

Powers Thatch Bar & Restaurant, Main Street, Fough West, Oughterard, Co. Galway, 091/55 75 97, Mo-So 12:00-0:00. Das Powers Thatch ist ein irischer Pub mit klassischem, sehr angenehmem Ambiente und leckerer irischer Küche. Teilweise gibt es Livemusik.

♦ Faherty's Bar, The Square, Fough West, Oughterard, Co. Galway, 087/916 40 66, So-Do 10:30-23:30, Fr und Sa 10:30-0:30. Klassischer irischer Pub mit sehr familiärer Stimmung und freundlichen Mitarbeitenden. Zum Essen gibt es unter anderem Steak, Pizza, Sandwiches und Fish and Chips. Größere Sportveranstaltungen werden live übertragen.

Angler's Bar, Main St, Fough West, Oughterard, Co. Galway, Da bis zur Drucklegung keine Öffnungszeiten bekannt waren und es keine Kontaktmöglichkeiten gibt, müssen Sie auf gut Glück schauen, ob die Bar geöffnet hat.

Joyce's Supermarket Oughterard, Main Street, Fough West, Oughterard, Co. Galway, 091/55 24 47, Mo-So 8:00-22:00

♦ Sullivan's Country Grocer, Main Street, Fough West, Oughterard, Co. Galway, 091/86 65 22, Di-Sa 9:00-17:00, So 10:00-16:00, Mo geschlossen

Centra Oughterard, Main Street, Fough West, Oughterard, Co. Galway, ☏ 091/55 22 22, Mo-Sa 7:00-23:00, So 8:00-23:00

Rocky Mountain High, Clifden Rd, Fough West, Oughterard, Co. Galway, ☏ 091/55 76 08, vincentcoyne2@gmail.com, Mo-So 10:00-19:00
Zugegebenermaßen verdammt wild aussehender Laden, in dem sich dann aber doch irgendwie alles finden lässt, was das Outdoor-Herz begehrt.

Flaherty's Pharmacy, Main Street, Fough West, Oughterard, Co. Galway, ☏ 091/55 76 02, Mo-Sa 9:30-13:15, 14:00-18:30, So geschlossen

BANK Bank of Ireland, 2 Main St, Fough West, Oughterard, Co. Galway. Die Bankfiliale ist zum aktuellen Zeitpunkt (Stand 2022) zwar geschlossen, an der Außenseite gibt es aber einen frei zugänglichen Bankautomaten zum Geldabheben.

An Post Oughterard, Fough West, Oughterard, Co. Galway, ☏ 091/55 22 01, Mo-Do 9:00-12:30, 13:00-17:30, Fr 9:00-17:30, Sa 9:00-13:00, So geschlossen

Oughterard wird von Galway aus mehrmals täglich per Bus (30 Min.) über die Nationalstraße 59 erreicht. City Link (Linie 923) und Bus Éireann (Linie 419) haben entsprechende Linien. Die Bushaltestelle liegt an der Clifden Road direkt an Angler's Bar. Die Linie 419 fährt jeden Dienstag (19:00) weiter über die Etappenorte Maum (19:25) und Leenaun (19:42) nach Clifden.

Die 1.318 Einwohnerinnen und Einwohner zählende Stadt Oughterard befindet sich etwa 26 km nordwestlich von Galway an der Nationalstraße 59 in Richtung Clifden. Der Name geht auf das irische Uachtar Ard zurück, was so viel wie „obere Höhe" bedeutet. Da Oughterard in unmittelbarer Nähe zum Lough Corrib liegt, ist die Stadt ein beliebter Ort zum Angeln und jedes Jahr gibt es Anfang Mai ein viertägiges Angelfestival. Bis heute lebt ein großer Teil der Bevölkerung von der Weidewirtschaft und die Farmtradition ist in der lokalen Kultur äußerst lebendig. Viele Leute pendeln aber auch nach Galway. Der liebliche Owenriff River fließt direkt durch den Ort, bevor er kurz darauf in den Lough Corrib mündet.

☺ 1952 wurden in Oughterard einige Szenen des oscarprämierten Spielfilms „The Quiet Man" von John Ford gedreht.

3 km außerhalb der Stadt steht die Ruine des Aughnanure Castle. Die Ruine gehört zu den am besten erhaltenen Beispielen irischer Turmhäuser. Dabei handelt es sich um befestigte Wohntürme, die auch gleichzeitig als Wehrtürme dienten. Vor allem ab dem 14. Jh. hat sich diese Bauform in Irland und Teilen Großbritanniens verbreitet, wo sie noch heute (meist als Ruinen) das Landschaftsbild prägt. In Irland sind beispielsweise noch circa 2.000 von ehemals 8.000 Turmhäusern erhalten.

1. Etappe: Oughterard – Ballygally

6 km, 1 Std. 30 Min., ↑ 89 m, ↓ 64 m, ⇧ 9-64 m

0,0 km	⇧ 15 m	Oughterard (Uachtar Ard) **B&B** BANK
3,4 km	⇧ 52 m	Aussichtspunkt mit Picknickbank (Barbara Edward's Seat)
6,0 km	⇧ 33 m	Ballygally (Baile an Ghaillaigh) **B&B**

Die kurze 1. Etappe des Western Way eignet sich perfekt zum Einlaufen. Sie führt von der quirligen Hauptstraße in Oughterard über eine ruhige, aussichtsreiche Nebenstraße mit tollen Ausblicken auf den größten See Irlands, den Lough Corrib, bis zur verstreuten Siedlung von Ballygally.

Der Western Way startet in Oughterard zugegebenermaßen etwas unromantisch auf einem Parkplatz direkt an der Hauptstraße (N59) zwischen Galway und Clifden gegenüber der Top-Tankstelle. Hier befindet sich ein braunes Schild mit der Aufschrift „Western Way Start" und direkt neben dem Parkplatz befindet sich auch gleich eine Infotafel über den ersten Wegabschnitt zwischen Oughterard und dem Lackavrea Forest.

Wiese mit Regenbogen

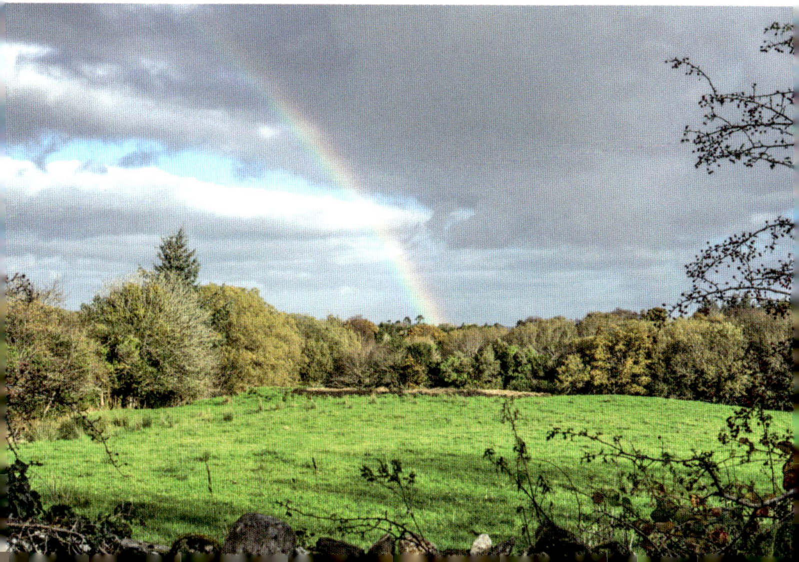

Sie folgen der Hauptstraße ein kurzes Stück durch den geschäftigen Ort in Richtung Nordwesten und kommen an mehreren Restaurants, Läden und Pubs vorbei. An der Kreuzung am Connemara Lake Hotel halten Sie sich weiterhin auf der Hauptstraße nach links.

Nach und nach lassen Sie das Ortszentrum hinter sich, passieren die Angler's Bar und kurz darauf die große Kilcummin Parish Church mit einigen für Irland so typisch verwitterten Grabsteinen auf dem Kirchengrundstück.

☺ Falls Sie mit dem Bus von Galway aus anreisen, werden Sie erst an der Angler's Bar etwas außerhalb des Ortszentrums starten. Damit haben Sie sich die ersten 300 m gespart.

Wenige Meter nach der Kirche liegt auf der linken Seite das Rocky Mountain High, ein wahrlich faszinierender Mix aus völlig wildem Trödelladen und Outdoorgeschäft. Falls Sie noch etwas benötigen, sollten Sie sich nicht vom Äußeren abschrecken lassen, denn der Besitzer soll nicht nur absolut hilfsbereit sein und allen erdenklichen Outdoorbedarf in seinem Laden versteckt haben, sondern auch noch ein wandelndes Lexikon darstellen, wenn es um die Sehenswürdigkeiten von Connemara geht.

Sie folgen der Hauptstraße noch circa 200 m, bevor sie scharf nach rechts abknickt (das große Steingebäude voraus ist die Church of the Immaculate Conception, die katholische Kirche) und Sie auf einer großen Steinbrücke den Owenriff River ❶ überqueren. Direkt nach der Brücke biegen Sie rechts in die Western Way High Road ab. Ein kurzes Stück folgt die Straße dem Owenriff River an seinem linken Ufer entlang, bevor sie nach links abknickt und an einem Kreisel die Grundschule auf der rechten und kurz darauf die Mittelschule auf der linken Seite passiert.

Sie folgen weiterhin der Straße geradeaus, die nach der Mittelschule deutlich schmaler und unebener wird und lassen nach und nach die letzten Häuser von Oughterard hinter sich. Die von Steinwällen, Brombeerhecken und kleinen Bäumen gesäumte Nebenstraße wird schließlich einspurig und führt in sanftem Auf und Ab zwischen verstreut liegenden Farmhäusern und Schafweiden vorbei zum Derrylaura River. Kurz bevor Sie den kleinen Fluss überqueren, liegt linker Hand ein absolut romantisches, liebevoll gestaltetes Cottage, das sogenannte Fairybridge Cottage, das wirklich ein bisschen an ein Märchen erinnert.

300 m nach dem Derrylaura River erreichen Sie einen Schotterparkplatz und den Eingang zum Newvillage Forest.

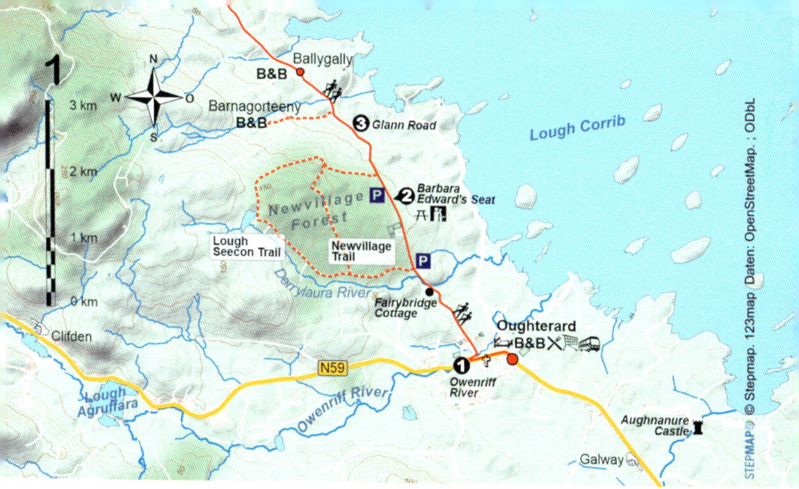

Als Alternative zum Western Way gibt es hier auch zwei markierte Wanderwege, die das Waldgebiet durchqueren und etwa 1,4 km weiter nördlich wieder auf den Western Way münden. Der 3,7 km lange Newvillage Trail verläuft auf einer ruhigen Forststraße mitten durch den Wald. Neben plantagenartigen Beständen mit Fichten und Kiefern gibt es auch kleine offene Flächen mit einigen Weiden und Birken. Der Lough Seecon Trail ist 5,3 km lang und führt bis zum gleichnamigen See am westlichen Waldrand. Beide Wege sind durchgehend markiert.

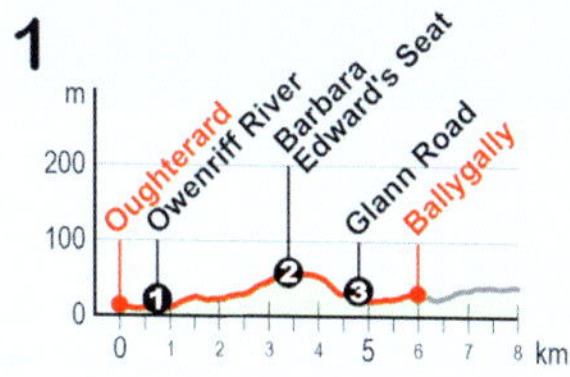

Der Western Way verläuft weiterhin auf der immer ruhiger werdenden Landstraße am Waldrand des Newvillage Forest entlang, während auf der rechten Seite der Straße eine fast baumlose, sumpfige Heidelandschaft erste Ausblicke auf den Lough Corrib ermöglicht. Sie passieren einen großen Sportplatz auf der linken Seite und erreichen schließlich einen schönen Rastplatz (Barbara Edward's Seat ❷) mit einer Sitzbank und einem traumhaften Ausblick über den etwa 50 m tiefer gelegenen See. Bei meinem Besuch im November 2021 war leider scheinbar jemand mit der Entsorgung seiner leeren Bierdosen überfordert, sodass er sie einfach neben die Bank warf. Leider hat dies den schönen Ausblick etwas getrübt und es bleibt zu hoffen, dass dies nur ein unglücklicher Einzelfall war.

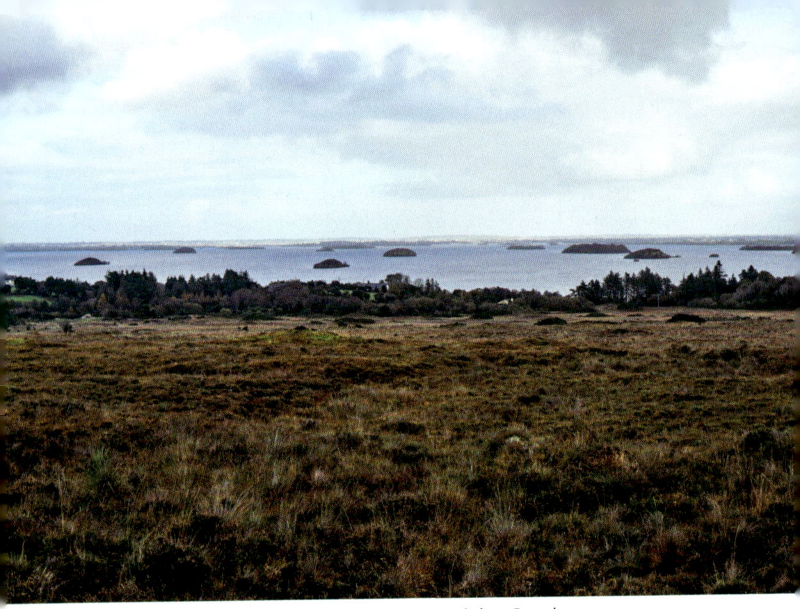

Ausblick auf den Lough Corrib mit seinen vielen Inseln

Lough Corrib

Der Lough Corrib ist der größte See der Republik Irland und nach dem Lough Neagh in Nordirland der zweitgrößte auf der gesamten Insel. Seit 1996 unterliegt das Gebiet der Ramsar-Konvention, einem Übereinkommen über Feuchtgebiete von internationaler Bedeutung. Einer Sage nach soll der 176 km² große und bis zu 50 m tiefe See 365 Inseln haben – für jeden Tag des Jahres eine. In Wirklichkeit sind es allerdings mehr als 1.300 Inseln. An seinem östlichen Ufer liegen die Ruinen einer Kathedrale aus dem 15. Jh. und einer älteren Klosterkirche, die sogenannten Annaghdown Churches. Bedeutende archäologische Funde im See wie beispielsweise das 13 m lange Annaghkeen Boat oder das Carrowmoreknock Boat aus dem 10. Jh. zeugen von der historischen Bedeutung der Region. Eine witzige Begebenheit trug sich 1938 auf Inis an Ghaill Island zu. Tommie Nevin lebte zu der Zeit alleine auf der Insel und bekam von der Guiness-Familie, den Besitzern der Insel, ein Radio geschenkt. Als in dem Jahr Galway und Kerry das Finale der GAA Football All-Ireland Championship austrugen, kamen über hundert Leute auf die Insel, um das Spiel live bei ihm im Radio verfolgen zu können. Heutzutage ist der See auch ein wichtiger Tourismusmagnet. Vor allem bei Angelfans ist der Lough Corrib äußerst beliebt und es können Hechte, Flussbarsche, Forellen und Lachse gefangen werden.

Circa 200 m nach dem Aussichtspunkt erreichen Sie einen weiteren Schotterparkplatz mit ein paar Sitzbänken und einer großen Infotafel über den Lough Corrib und weitere 300 m weiter münden von links wieder die Wanderwege des Newvillage Forest in den Western Way. Sie bleiben auf der Straße, die nun ein kurzes Stück leicht abfallend durch dichten Wald führt, bevor links und rechts wieder erste Weiden und Höfe auftauchen und sie schließlich in die Glann Road mündet ❸.

Sie folgen der etwas belebteren Straße weiterhin in nordwestlicher Richtung. Nach 300 m zweigt links eine Straße nach Barnagorteeny ab.

Kurz vor Ende der 1. Etappe gibt es in Barnagorteeny, etwas abseits des Western Way, zwei Übernachtungsmöglichkeiten.

Barnagorteeny — B&B

B&B Fairy Hill Cottage, Barnagorteeny, Glann Road, Oughterard, Co. Galway, 1 km vom Weg entfernt, ÜF DZ ab € 80, kleines B&B mit zwei Zimmern (für zwei Personen und für drei Personen), aktuell nur über Airbnb buchbar

♦ Connemara Haven Guesthouse, Barnagorteeny, Glann Road, Oughterard, Co. Galway, ☏ 053/878 59 08 08, info@connemarahaven.com, www.connemarahaven.com, 1,2 km vom Weg entfernt, ÜF DZ ab € 98, schön gelegenes Gästehaus mit tollen Ausblicken auf den Lough Corrib. Der Besitzer spricht deutsch. ☺ Der Mindestaufenthalt beträgt eigentlich 2 Nächte, für Wandernde, die sich auf den vorliegenden Wanderführer berufen, macht der Besitzer allerdings gerne eine Ausnahme.

Sie folgen weiterhin der Glann Road an verstreut liegenden Farmhäusern vorbei, bis Sie nach insgesamt 6 km die unscheinbare, geschotterte Abzweigung nach Ballygally erreichen (Schild: „B&B Tullaleagan").

Der Western Way biegt hier nicht nach links ab, sondern führt geradeaus weiter. Sie müssen lediglich links nach Ballygally abzweigen, falls Sie im B&B übernachten wollen.

Ballygally — B&B

B&B Tullaleagan Guesthouse, Glann Road, Ballygally, Oughterard, Co. Galway, ☏ 087/950 27 38, info@tullaleagan.com, www.tullaleagan.com, 300 m vom Weg entfernt, ÜF DZ ab € 114, sehr ruhig gelegenes und gemütliches Bed and Breakfast. Die Besitzerin kommt ursprünglich aus Süddeutschland und spricht fließend deutsch.

2. Etappe: Ballygally – Teernakill North

19,4 km, 5 Std. 30 Min., 294 m, 316 m, 8-92 m

0,0 km	33 m	Ballygally (Baile an Ghaillaigh) **B&B**
2,2 km	29 m	Curraghduff Middle
6,9 km	14 m	Aussichtspunkt
8,1 km	12 m	Zeltmöglichkeit direkt am See
9,6 km	9 m	Owenree River Bridge
14,6 km	38 m	Mündung in die R336
19,4 km	15 m	Teernakill North (Tír na Cille Thuaidh), Maum (An Mám) 700 m, (nach Cornamona **B&B**)

Der Beginn der 2. Etappe schließt sich anfangs nahtlos an den Vortag an und Sie folgen weiterhin der ruhigen Glann Road in Richtung Nordwesten. Später tauchen Sie im Lackavrea Forest zum ersten Mal in die einsamen irischen Wald- und Sumpfgebiete ein. Da der Weg am Ufer des Lough Corrib leider inzwischen gesperrt ist, geht es über die asphaltierte Regionalstraße 336 nach Maum.

Sie folgen weiterhin der Glann Road durch idyllisches, von neugierigen Schafen bevölkertes Farmland. Obwohl sich der Western Way immer in unmittelbarer Nähe zum Lough Corrib bewegt, sehen Sie von dem See lange Zeit nicht viel.

Bei km 2,2 erreichen Sie links einen Abzweig, der Sie nach 1,7 km zur idyllischen Alpaka-Farm in Curraghduff Middle führt.

Curraghduff Middle

Curraghduff Farm, Glann, Oughterard, Co. Galway, 087/396 83 05, curraghduff@gmail.com, www.curraghduffalpacas.com, 1,7 km vom Weg entfernt, Ü DZ ab € 129, . Die Alpaka-Farm verfügt über drei Hütten. Eine Hütte ist für zwei Personen, die zwei anderen Hütten sind für bis zu vier Personen. Es stehen auch eine Gemeinschaftsküche und ein Grillplatz zur Verfügung.

Erst kurz nach der unweit der Glann Road gelegenen Our Lady of the Valley Church ❶ haben Sie wieder einen schönen Panoramablick über den westlichen Teil des Sees mit der Insel Inishlannaun. Die Straße ist nun von uralten, stark bemoosten Steinwällen eingerahmt, verliert etwas an Höhe und verläuft zum ersten Mal direkt am Seeufer. Da das Ufer meist dicht bewachsen oder in Privatbesitz und eingezäunt ist, gibt es leider trotzdem nur wenige Zugangsmöglichkeiten zum Wasser.

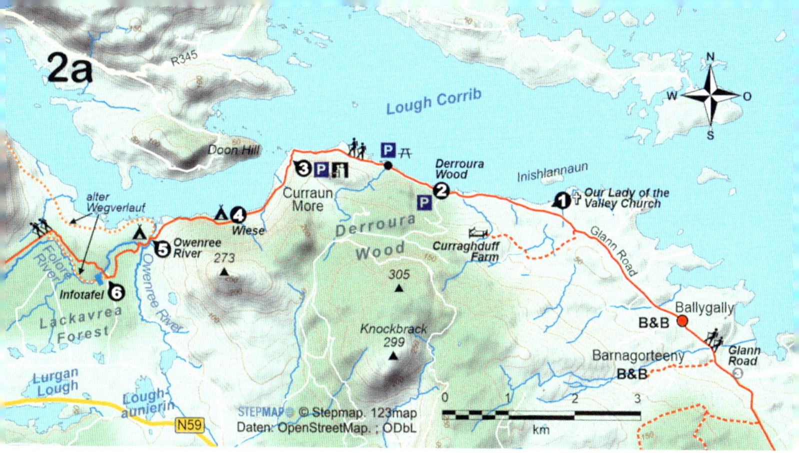

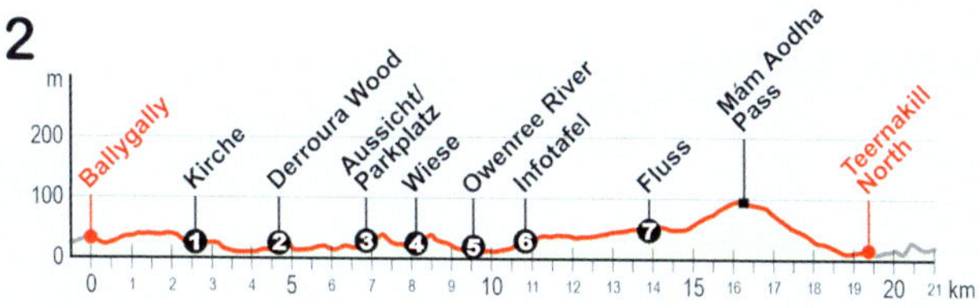

Nach 4,7 km erreichen Sie einen kleinen Schotterparkplatz mit dem Eingang zum Derroura Wood ❷, einem naturnahen Waldgebiet, das sich entlang der Hänge des 299 m hohen Knockbrack erstreckt. Das Gebiet, das vor allem durch seine Mountainbikeroute auch bei Freizeitsporttreibenden beliebt ist, bietet grandiose Ausblicke über das Maam Valley und den Lough Corrib.

Sie bleiben weiterhin auf der inzwischen sehr schmalen Glann Road, die nun immer in unmittelbarer Seenähe durch den Derroura Wood verläuft. Nach ein paar Hundert Metern taucht rechts ein weiterer Schotterparkplatz mit idyllischen Picknicktischen und Feuerstellen direkt am See auf. Bei gutem Wetter bietet sich der Platz wunderbar für eine Vormittagspause an. Kurz nach dem Picknickplatz verlassen Sie den Wald und das Sträßchen führt äußerst aussichtsreich noch ein Stück nach Westen, bis es schließlich scharf nach Süden abknickt. Hier gibt es einen letzten Parkplatz ❸ und Sie haben einen wunderschönen Ausblick auf das westliche Ende des Lough Corrib und den bewaldeten Hügel von Doon, der sich direkt vor Ihnen aufbaut. Der Name leitet sich vom irischen Wort *dùn* für eine Festung ab und bezieht sich auf eine alte Burg, die früher einmal die örtliche Engstelle des Sees kontrollieren sollte.

Kurze Zeit später lassen Sie in Curraun More die letzten Farmhäuser hinter sich und klettern über ein Viehgatter, an dem die asphaltierte Straße in einen geschotterten Wirtschaftsweg übergeht, der nun wieder zum Seeufer hin abfällt.

Rechts des Wegs liegt eine schöne Wiese direkt am Wasser, die sich, davon zeugen die Feuerstellen, scheinbar auch bei Camperinnen und Campern einer gewissen Beliebtheit erfreut.

Anschließend führt der Western Way in einen direkt am See liegenden, etwas düsteren Nadelwald, ein Ausläufer des bereits bekannten Derroura Wood. Nach einem guten Kilometer erreichen Sie das Ende des Waldes und der gute Wirtschaftsweg geht in einen mit sehr grobem Geröll ausgelegten Pfad über, der ein kleines, äußerst malerisches Sumpfgebiet am südlichen Seeufer durchquert.

An dessen Ende führt eine Metallbrücke über den Owenree River ❺.

Auf der kleinen Wiese direkt an der Brücke gibt es eine weitere Zeltmöglichkeit.

Owenree River

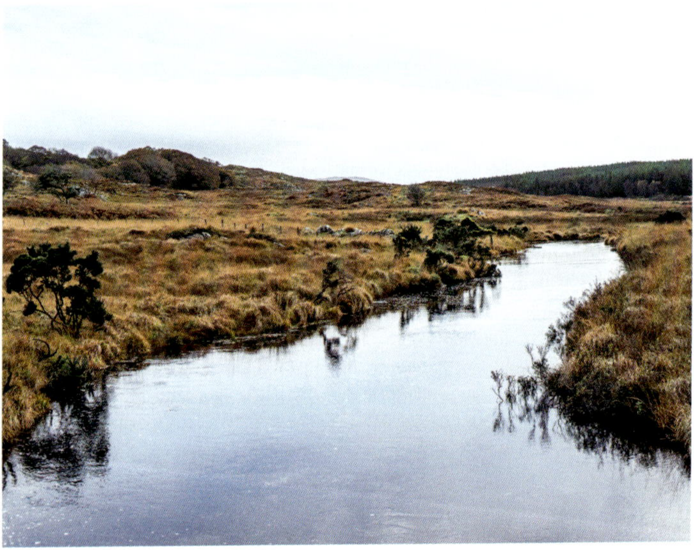

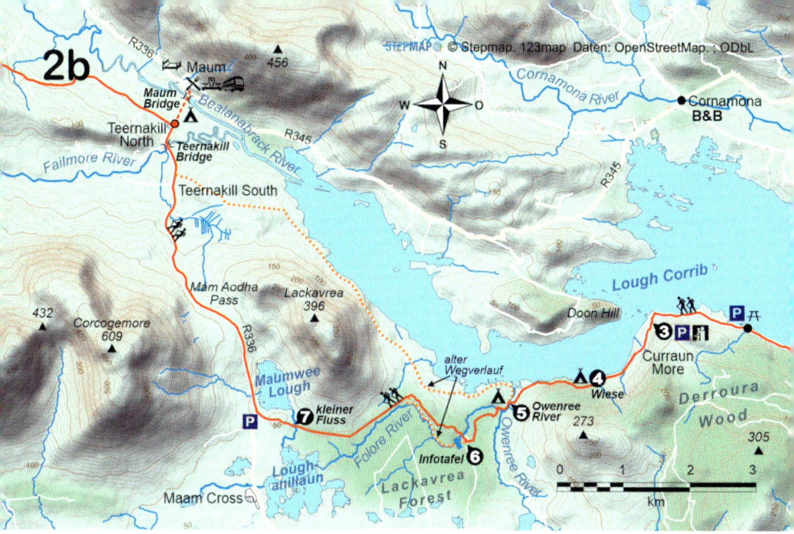

Dann erreicht der Western Way den Beginn des abgelegenen Lackavrea Forest. Der alte Wegeverlauf führte von hier aus ein Stück nach Norden und am westlichen Arm des Lough Corrib entlang direkt nach Teernakill. Nachdem vor einigen Jahren eine alte Hütte am Weg abbrannte und der Landbesitzer Wandernde beschuldigte, entzog er dem Galway County Council die Erlaubnis, sein Land zu durchqueren. Seitdem führt der Western Way mitten durch das etwa 3 km breite Waldgebiet. Unmittelbar nach der Brücke beginnt ein Bohlensteg, der erst noch kurz am Waldrand entlang nach Süden verläuft und anschließend zwischen den dunklen Nadelbäumen verschwindet.

Vor allem bei Nässe – und hier ist es meistens nass – ist der hölzerne Steg trotz der extra angebrachten Metallklammern extrem rutschig. Passen Sie also gut auf!

Auf dem Bohlensteg wandern Sie nun durch den extrem sumpfigen, bei meinem Besuch vor Nässe nur so triefenden Wald. Nach wenigen Minuten überqueren Sie zum ersten Mal den Folore River. Ganz in der Nähe wurde im frühen 17. Jh. Schwefel abgebaut, der anschließend zu einem nahen Hafen transportiert und von dort über den Lough Corrib verschifft wurde. Der hölzerne Steg führt noch ein Stück direkt durch den dichten Wald, bevor er auf eine breite Brandschneise trifft, in deren Mitte er anschließend weiter verläuft. Sie treffen schließlich auf eine Forststraße, an der sich eine Infotafel befindet ❻.

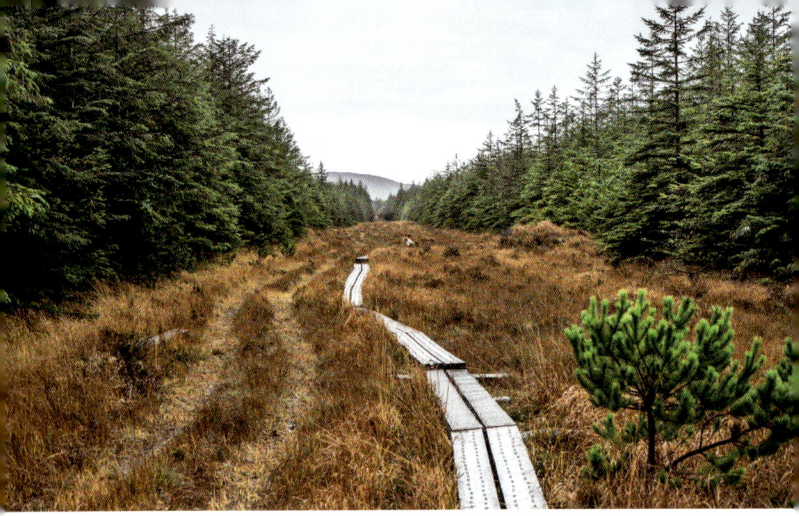

Bohlensteg im Lackavrea Forest

Ursprünglich führte der Western Way geradeaus zu einem kleinen Wasserfall am Folore River, der sich bereits durch lautes Rauschen ankündigt und führte an seinem Ufer entlang in Richtung Nordwesten. Dieser wunderschöne Abschnitt wurde von der Forstbehörde leider teilweise abgebaut und kann nicht mehr begangen werden. Der neue Weg folgt der Forststraße nach rechts und überquert nach wenigen Metern den kleinen Fluss über eine Brücke. Anschließend führt der Weg durch eine große Rodung in Richtung Nordwesten auf den mächtigen Lackavrea Mountain zu. Der Hügel ist lediglich 396 m hoch, in dieser flachen Umgebung und aufgrund seiner baumfreien und von Felsen gespickten Gestalt wirkt er aber deutlich höher.

Der alte Weg kann nicht mehr begangen werden, da die Bohlen zum Großteil abgebaut wurden.

☺ Bis zu dem kleinen Wasserfall sind es nur etwa 150 m auf dem alten Weg. Solange der Bohlensteg auf diesem Abschnitt noch nicht abgebaut ist, lohnt sich auf jeden Fall ein kurzer Abstecher.

Nach einem guten Kilometer kommen beide Wege wieder zusammen. Ein kurzes Stück wandern Sie noch auf einem neu geschotterten Weg durch eine Art Baumtunnel, anschließend mündet der Weg wieder in den Bohlensteg. Der Steg folgt einer weiteren breiten Brandschneise durch den sehr sumpfigen, feuchten Forst.

Im Sommer kann es sein, dass Sie hier unliebsame Gesellschaft in Form von Midges bekommen. Midges sind kleine, nervtötende Beißmücken, die in Scharen über arglos Wandernde herfallen und vor allem in den schottischen Highlands einen gefürchteten Ruf genießen.

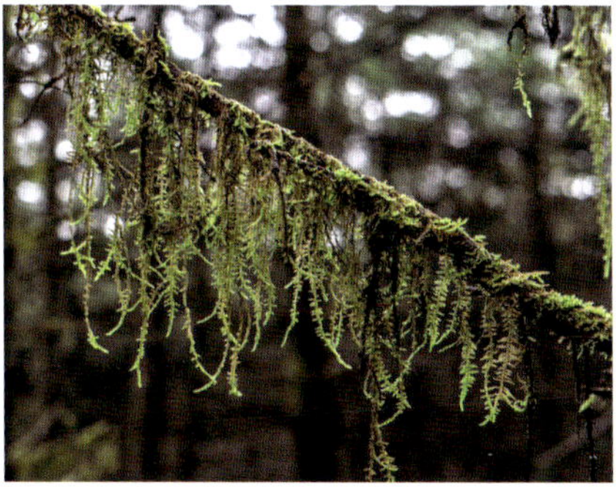

Nasser Wald mit Moosen

Nach 1,8 km erreichen Sie den Waldrand an einem kleinen überbrückten Fluss ❼. Dahinter führt ein anfangs mit Gummimatten ausgelegter Pfad über eine kleine Kuppe zur R336, die von Maam Cross nach Maum führt. Sie folgen der Landstraße nach rechts beständig leicht ansteigend in Richtung Maum. Dieses Stück gehört natürlich nicht zu den schönsten Abschnitten des Western Way, aber der Verkehr hält sich zum Glück in Grenzen und auf der rechten Straßenseite können Sie meist gut laufen. Darüber hinaus haben Sie vor allem am Anfang immer wieder tolle Ausblicke auf den Maumwee Lough mit seinen kleinen Inselchen. Auf einer Höhe von 92 m erreichen Sie den Mám Aodha Pass, eine breite Senke zwischen dem Lackavrea Mountain im Osten und den 609 m hohen Corcogemore im Westen. Die Straße beginnt nun in das weite Maam Valley abzufallen. Sie folgen ihr weiter durch die karge Heidelandschaft, bis Sie nach einer Ruine zu den ersten Höfen von Teernakill South gelangen. Anschließend überqueren Sie noch den Failmore River über die Teernakill Bridge und erreichen kurz darauf an einer unscheinbaren T-Kreuzung beim Sportplatz das Ende der 2. Etappe.

↳ In Teernakill selbst gibt es keine touristische Infrastruktur mehr, doch wenn Sie der R336 lediglich 700 m weiter folgen, erreichen Sie die kleine Gemeinde von Maum, in der es einen Pub, ein Ferienhaus und einen kleinen Supermarkt gibt.

Maum

Myles Cottage, R336, Maum East, Co. Galway, ☎ 087/234 45 48, 1,1 km vom Weg entfernt an der R336, Ü ab € 110, schönes, großes und voll ausgestattetes Haus für insgesamt acht Leute, nur wenige Gehminuten von Keane's Bar entfernt. Der Mindestaufenthalt beträgt 4 Nächte.

Von Teernakill kommend, können Sie rechts vor der Maum Bridge auf einer Wiese am Bealanabrack River zelten. Hier gibt es auch eine Rastbank. Falls starke Regenfälle angekündigt sind, sollten Sie allerdings vorsichtig sein, da der Fluss schnell anschwellen kann.

Keane's Bar, Maum East, Co. Galway, ☏ 091/57 11 03, Mo-Do 12:30-20:30, Fr 12:00-23:00, Sa 11:00-23:00, So 12:00-23:00, sehr beliebter Pub, bietet auch kleine Gerichte an.

Keane's Foodstore and Hardware Supply and Petrol Station, R345, Maum East, Co. Galway, Mo-Fr 9:00-19:00, Sa und So geschlossen, kleiner, mit dem Nötigsten ausgestatteter Supermarkt. Darüber hinaus gibt es auch Kaffee und kleine Snacks.

Direkt nach der Brücke (an der R336 Richtung Leenaun) gibt es eine Bushaltestelle auf der linken Seite. Hier verkehrt die Bus-Éireann-Linie 419 zwischen Galway und Clifden einmal die Woche. Der Bus hält jeden Dienstag um 19:25 und Sie können weiter zum Startpunkt der 5. Etappe in Leenaun (19:42) gelangen.

An Mám, so der offizielle irische Name (englisch Maum, manchmal auch Maam), ist ein kleines Dorf in Connemara im County Galway. Der Name bedeutet übersetzt „der Pass". Das Dorf gehört zu den Gaeltacht, den Gebieten in Irland, in denen Irisch die offiziell vorherrschende Sprache ist und liegt am südlichen Ende des Gletschertals von Maam. Das Gebiet war Teil des deutlich größeren Joyce Countrys, das von einer ehemals aus Wales stammenden Familie dominiert wurde. Der Ingenieur Alexander Nimmo baute im Jahr 1820 ein Gasthaus am östlichen Ende der Maum Bridge über den Bealanabrack River. Später wurde daraus das Maum Hotel, das von der Familie von Lord Leitrim betrieben wurde. Heutzutage befindet sich Keane's Bar in dem historischen Gebäude.

Da die Übernachtungsmöglichkeiten in Maum leider zurzeit alles andere als optimal sind, wird hier noch eine etwas weiter entfernte Alternative aufgeführt. Entweder Sie vereinbaren mit dem Besitzer einen Abhol- und Bringservice von/nach Maum oder Sie bestellen sich ein Taxi (Oughterard Taxi ☏ 085/842 95 68).

Falls Sie noch fit sind, können Sie natürlich auch die ersten 3,4 km der folgenden Etappe bis nach Cur laufen und dort übernachten.

Cornamona **B&B**

B&B Mellottes B&B, Carrick West, Cornamona, Co. Galway, ☏ 094/954 81 27, www.mellottes.tripcombined.com, 9,7 km vom Weg entfernt, ÜF DZ ab € 89,

3. Etappe: Teernakill North – Illion

14,5 km, 4 Std. 30 Min., 436 m, 382 m, 9-263 m

0,0 km	15 m	Teernakill North (Tír na Cille Thuaidh), Maum (An Mám) 700 m
3,0 km	33 m	Cur (An Chorr)
4,6 km	53 m	Failmore River Bridge
7,7 km	263 m	Maumeen Pass (Máméan)
14,5 km	69 m	Illion (An Uillinn), Finnisglin (Fionasclainn)

Die 3. Etappe führt über den Maumeen Pass, der zusammen mit dem Sheskin Forest auf der 10. Etappe den höchsten Punkt des Western Way bildet. Hier erwarten Sie tolle Ausblicke über die seenreiche Landschaft von Connemara, zu den Twelve Bens und bis zum Atlantischen Ozean.

Sie verlassen Teernakill, indem Sie an der T-Kreuzung beim Sportplatz links in Richtung Máméan (Maumeen Pass) abbiegen. Direkt an der Kreuzung befindet sich auch eine weitere Tafel, die über den aktuellen Abschnitt bis Leenaun informiert. Ein schmales Sträßchen, umgeben von gelb blühendem Ginster, führt Sie nun durch das weite Maam Valley auf der linken Seite des Bealanabrack Rivers. Obwohl die Straße weitestgehend in der Ebene verläuft, haben Sie aufgrund der freien Weide- und Sumpflandschaften wunderbare Aussichten über das gesamte Tal und die bis zu 500 m hohe Hügelkette im Nordosten. Hier und da können Sie niedrige Wälle an den Berghängen erkennen. Es sind Reste von alten Kartoffelfeldern aus der Zeit der Großen Hungersnot zur Mitte des 19. Jh. Als die Ernte ausblieb und die Menschen starben oder auswanderten, wurden die Beete aufgeben und lediglich die Wälle blieben als stumme Zeugen zurück.

Nach einer Weile verlässt das Sträßchen den Talgrund, steigt etwas an und führt zwischen den verstreut liegenden Höfen von Cur auf den 310 m hohen Knocknagur zu. Nach 3 km biegen Sie an einem Wegweiser nach links auf ein Nebensträßchen ab ❶, das nun noch etwa 60 Hm bergan führt. Bald eröffnen sich in Richtung Westen malerische Ausblicke auf die imposante Bergkette der Maumturk Mountains, sofern das Wetter denn gut ist und die Berge nicht wie so oft in dichten Wolken verschwinden.

Cur

Tiny House, Cur, Co. Galway, direkt am Weg, Ü DZ ab € 99, schönes kleines Selbstversorger-Cottage, das aktuell nur über Airbnb gebucht werden kann

Die gerade gemachten Höhenmeter verlieren Sie nun noch einmal im Abstieg zum Failmore River. Direkt nach der Brücke über den besagten Fluss (⛺ hier gibt es auch Möglichkeiten zum Zelten) ❷ steigt das Sträßchen wieder an, bevor es nach 600 m an einem kleinen Parkplatz scharf nach links abknickt. Sie verlassen die Straße, passieren ein Weidegatter und folgen einem breiten, steinigen Pfad, der sich anfangs noch wellig, am Ende in kleinen Serpentinen und insgesamt in sehr angenehmer Steigung die sumpfigen Bergflanken bis zum Maumeen Pass emporarbeitet. Der 263 m hohe Bergpass ❸ liegt mitten in den Maumturk Mountains zwischen dem 633 m hohen Binn Chaonaigh im Norden und dem 663 m hohen Binn Mhór im Süden. Sein irischer Name Máméan heißt übersetzt „Pass der Vögel".

Kapelle am Pass

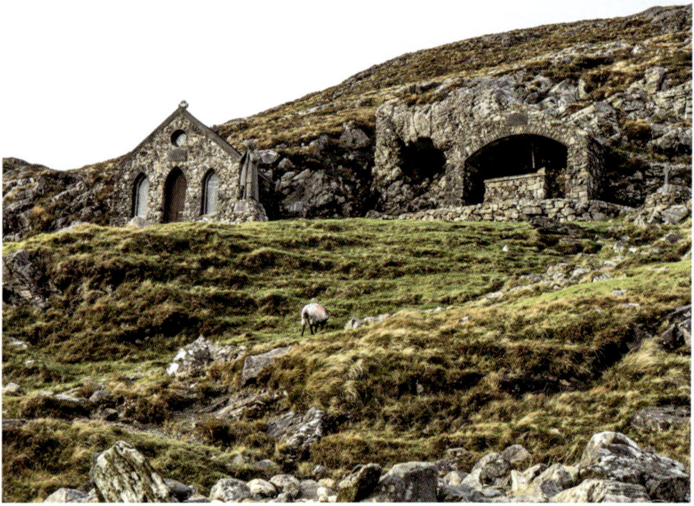

Der bedeutende Übergang zwischen dem Maam Valley und dem Inagh Valley wird bereits seit vielen Jahrhunderten genutzt; nicht aus touristischen Gründen, sondern um einfach von einem Tal ins nächste zu gelangen. Auch die irische Tradition, zu öffentlichen Zeremonien an hoch gelegenen Orten zusammen zu kommen, findet sich hier, denn bereits vor zweitausend Jahren war Maumeen ein wichtiger keltischer Kultort für den Gott Lugh. Zu Zeiten der Christianisierung

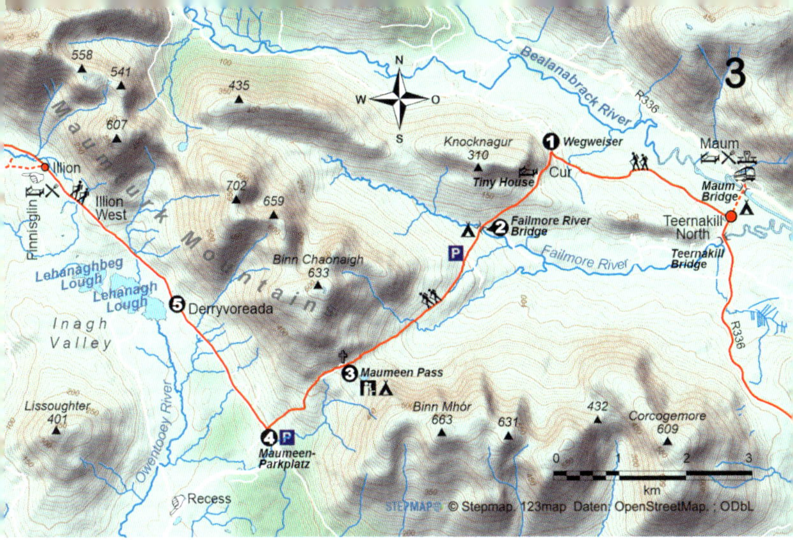

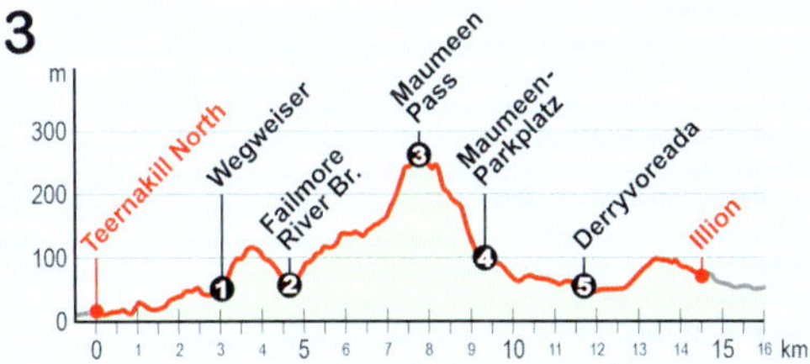

wurde den alten Traditionen ein christlicher Anstrich gegeben und so entstand die Legende, dass St. Patrick, der heilige Patron von Irland, im Jahr 441 n. Chr. auf den Pass gewandert ist, um ganz Connemara zu segnen. Anschließend verbrachte er eine Nacht in einer Felsnische unweit des Passes, die seitdem den Namen Leaba Phádraic trägt, „Patricks Bett". Im 17. und 18. Jh. verboten die sogenannten Strafgesetze die katholische Kirche. Während dieser Zeit wurde Maumeen als eine Art geheime Freiluftkirche genutzt. In den letzten dreißig Jahren wurde die Tradition der Wallfahrt wiederbelebt und man errichtete eine kleine ✞ Kapelle zu Ehren St. Patricks (Cillin Phédraig) und einen Kreuzweg.

⛺ Rund um den Pass gibt es mehrere Zeltmöglichkeiten.

Am Beginn des Abstiegs halten Sie sich am besten etwas rechts am Hang, da sich die deutlichen Pfadspuren links davon im sumpfigen Gelände verlieren.

Der Weg führt bald wieder als deutlicher, sehr steiniger, aber nicht allzu steiler Pfad hinab ins Inagh Valley. Dabei haben Sie tolle Ausblicke auf die (hoffentlich in der Sonne glitzernden) Seen von Connemara und sogar ein kleines Stück des Atlantischen Ozeans zeigt sich zum ersten Mal.

Connemara Nationalpark

Der 1980 ausgewiesene und fast 30 km² große Connemara-Nationalpark befindet sich ganz im Westen der irischen Insel im dünnbesiedelten County Galway. Er ist einer von sechs irischen Nationalparks und erstreckt sich über ein hügeliges Moor- und Heidegebiet nordwestlich der Twelve Bens, einer bis zu 730 m hohen Bergkette aus verwittertem Quarzitgestein.

Ein Großteil der Parkfläche gehörte früher zum Farmgebiet der 1665 gegründeten Kylemore Abbey und der Latterfrack Industrial School, der Rest befand sich im Besitz von Privatpersonen. Früher wurde das zum Park gehörende Land wirtschaftlich genutzt – hauptsächlich als Weideland für Kühe und Schafe. Auf dem etwas fruchtbareren Boden wurde leidlich Gemüse angebaut. Noch heute sind die Beete und die dazwischenliegenden Gräben zu erkennen. Auch ein alter Friedhof, verfallene Gebäude und überwucherte Mauern zeugen von der vergangenen Besiedlung.

Die Landschaft wurde vor allem durch die letzte Eiszeit vor etwa 10.000 Jahren geformt und viele Findlinge wurden von den zurückweichenden Gletschern in der Landschaft zurückgelassen.

Vor allem die während der Eiszeit entstandenen Sand- und Kiesböden beeinflussen die Flora bis heute. Neben den wilden Connemara-Ponys ist der Park vor allem für seinen Vogelreichtum bekannt, darunter Feldlerchen, Buchfinken, Schwarzkehlchen, Falken, Kormorane oder auch verschiedene Drosselarten.

Die Nationalparkverwaltung und das Besucherzentrum sind in einem ehemaligen Farmgebäude der Latterfrack Industrial School in der kleinen Siedlung Latterfrack an der N59 zwischen Clifden und Westport untergebracht. Es gibt vier kurze Wanderwege, die alle am Besucherzentrum starten und durch einen kleinen Teil des Parkgebiets führen.

Nach 1,7 km Abstieg erreichen Sie den Maumeen-Parkplatz ❹ an einer schmalen Nebenstraße. Sie biegen nach rechts auf die Straße ab und folgen nun einer alten Kutschenstraße, die früher genutzt wurde, als es die modernere, zur

Mitte des 19. Jh. erbaute Hauptstraße am Lough Inagh entlang noch nicht gab. Im Gegensatz zur heutigen Zeit wurden für die historischen Straßen meist eine etwas höhergelegene Wegführung genutzt, um trockeneren Untergrund zu haben.

Nach einem kleinen Waldstück auf der linken Seite öffnet sich die Landschaft und bietet tolle Blicke auf das weite Tal, das sich zwischen den Maumturk Mountains auf der rechten Seite und den mächtigen Twelve Bens auf der linken Seite erstreckt. Nach etwa 2 km erreichen Sie die kleine Siedlung Derryvoreada ❺, die sich an den Berghang oberhalb des Lehanagh Lough schmiegt.

Nachdem Sie den See hinter sich gelassen haben, steigt das ruhige Sträßchen sanft bis zur kleinen, auf einer Kuppe am Hang liegenden Siedlung Illion West an. Dahinter fällt die Straße wieder ab und Sie haben einen schönen Ausblick nach links auf den großen Lough Inagh und die dahinter aufragenden Berge. Sie lassen die letzten Häuser der Siedlung hinter sich und folgen der Straße noch ein Stück durch ein karges Sumpfgebiet, bis sie nach links abknickt und Sie das Ende der 3. Etappe erreicht haben.

Da es direkt am Weg keine Übernachtungsmöglichkeiten gibt, müssen Sie der Straße noch ein paar Hundert Meter nach Westen bis zur Siedlung Finnisglin folgen.

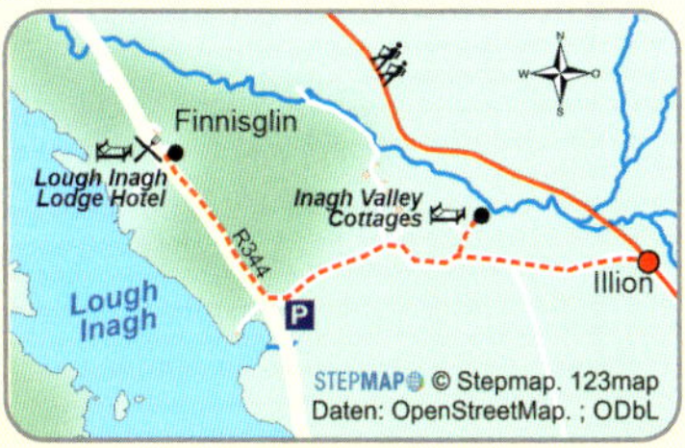

Hier gibt es ein großes Hotel und ein Cottage. Zwischen Illion und Sruffaunbaun gibt es darüber hinaus mehrere Zeltmöglichkeiten im Weidegebiet. Falls Sie in der Nähe der Farmhäuser von Finnisglin zelten möchten, sollten Sie allerdings auf jeden Fall um Erlaubnis fragen.

Finnisglin

Lough Inagh Lodge Hotel, Finnisglin, Recess, Co. Galway, ☏ 095/347 06, inagh@iol.ie, www.loughinaghlodgehotel.ie, 1,7 km vom Weg entfernt an der R344, 4 Sterne, ÜF DZ ab € 185, äußerst stilvolles Landhotel mit angeschlossener Bar und einem Restaurant der gehobenen Küche, Öffnungszeiten bitte telefonisch erfragen

Inagh Valley Cottages, Finnisglin, Recess, Co. Galway, ☏ 087/973 70 19, mdstaunton@eircom.net, www.cottageinconnemara.webs.com, 550 m vom Weg entfernt, Ü ab € 80, . Es gibt zwei liebevoll eingerichtete Selbstversorger-Cottages. Der Mindestaufenthalt beträgt 3 Nächte.

4. Etappe: Illion – Leenaun

15,8 km, 4 Std. 30 Min., ↑ 296 m, ↓ 352 m, ⇧ 7-131 m

0,0 km	⇧ 69 m	Illion (An Uillinn), Finnisglin (Fionasclainn)
3,1 km	⇧ 62 m	Sruffaunbaun (Ruinen)
9,9 km	⇧ 60 m	Bunowen River Bridge
10,5 km	⇧ 80 m	Abzweig Derrynacleigh (Doire na Cloiche)
15,8 km	⇧ 13 m	Leenaun (An Líonán) B&B

Die 4. Etappe führt Sie lange Zeit über uralte Pfade durch einsame Hochflächen und Wälder, bis Sie kurz vor Leenaun die N59 erreichen. Leenaun selbst besticht als schmuckes Dorf in wunderschöner Lage am Killary Harbour, dem einzigen Fjord Irlands.

Von der abknickenden Landstraße aus folgen Sie dem Western-Way-Wegweiser geradeaus auf einen breiten Pfad. Der Weg führt durch ein riesiges, teilweise sehr sumpfiges Weidegebiet in die abgelegene Region am Fuße des 667 m hohen Letterbreckaun. Der Abschnitt erinnert sehr an Schottland und den West Highland Way – nur mit weniger Menschen. In Sachen Qualität und Breite variiert der Weg stark. Mal ist er völlig zugewachsen und vor allem bei Regen extrem sumpfig, kurze Zeit später ist er wieder gut ausgetreten. Nach einer Weile tauchen rechts die Ruinen von uralten Farmhäusern ❶ auf. Zwischen den Ruinen strömt der Sruffaunbaun River von den Hängen der Maumturk Mountains gen Tal. Der irische Name des Baches ist Sruthán Bhán, übersetzt „Weißbach“, und leitet sich von dem schäumenden Wasser nach starken Regenfällen ab.

Zwischen den Ruinen gibt es einige ebene Grasflächen, auf denen Sie wunderbar zelten können.

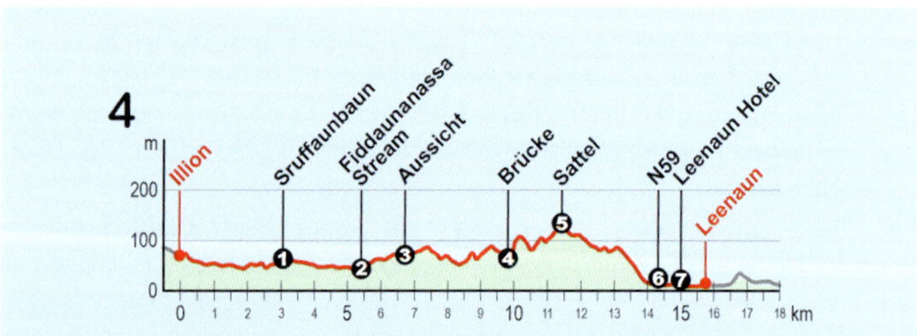

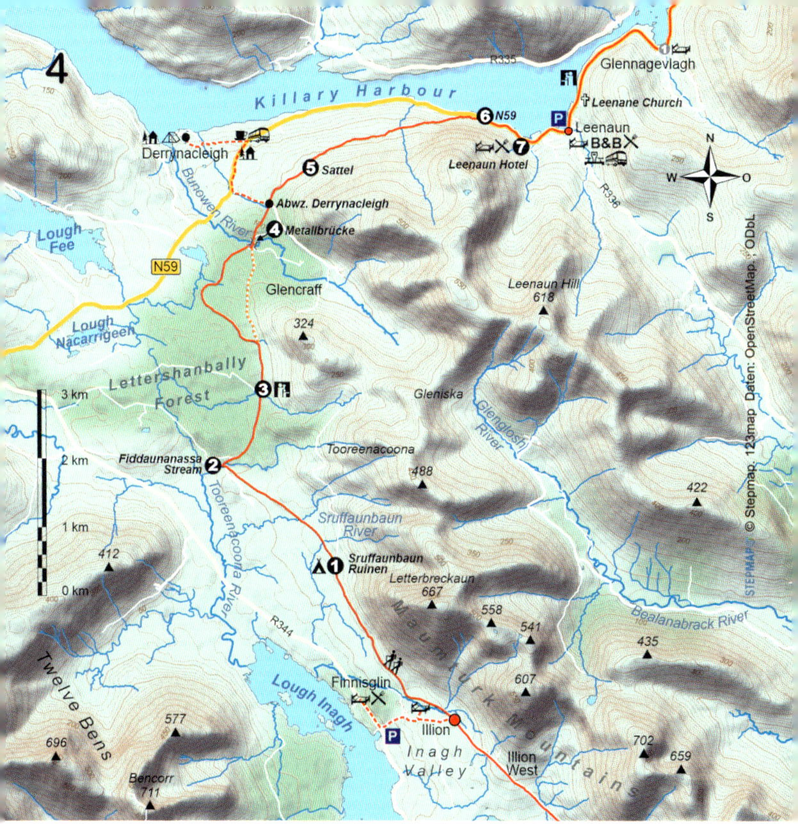

Auch wenn die Ruinen äußerst einsam wirken und es heutzutage auch sind, so lagen sie doch früher direkt an der belebten Hauptverkehrsader durch das Tal. Erst nachdem vor etwa einhundertfünfzig Jahren die etwas weiter westlich liegende R344 gebaut wurde, verlor die Strecke an Bedeutung. Die niedrigen Wälle, die teilweise noch am Boden zu sehen sind, sind wieder Reste von Anbauwällen. Dies war beziehungsweise ist die Standardmethode, um auch im feuchten Klima und bei kargen Bergböden zumindest ein wenig Ackerbau betreiben zu können. Allein die Aufschichtung der Wälle war allerdings eine harte Knochenarbeit für die irischen Bauern.

Nachdem Sie die Ruinen hinter sich gelassen haben, wandern Sie weiter durch das karge, von vielen Bächen durchzogene Sumpfgebiet. Da die meisten der Bäche überbrückt sind, stellt auch die Überquerung bei Hochwasser kein Problem dar.

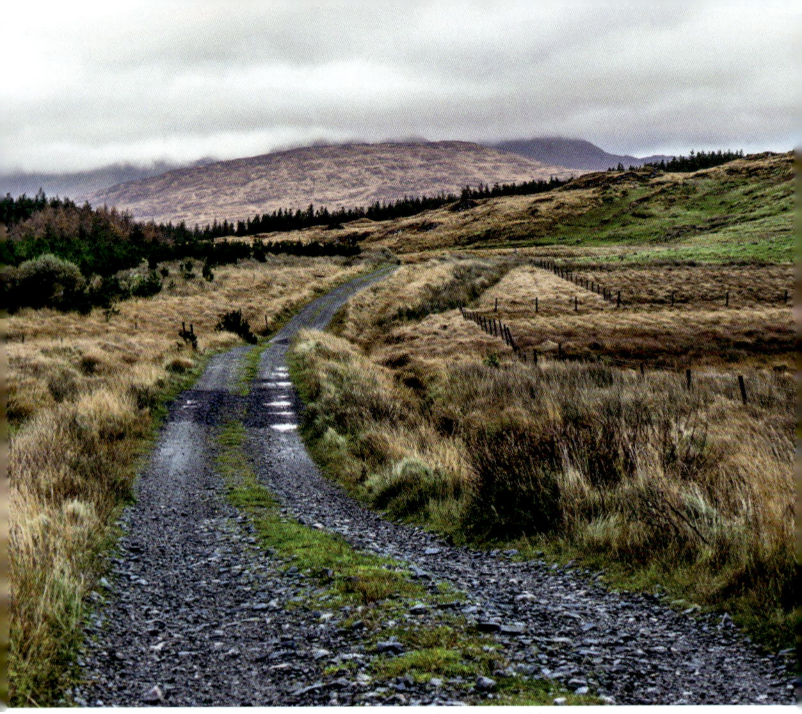

Der Western Way verläuft erst am Rande des Waldes

Bei km 5 taucht hinter einer kleinen Kuppe eine moderne Scheune auf der linken Seite auf. Kurz nach der Scheune führt eine Brücke über den Fiddaunanassa Stream ❷ und direkt danach biegen Sie rechts auf eine geschotterte Forststraße ab, die nun in den Lettershanbally Forest führt. Die Forststraße steigt sanft an, bis Sie nach 1,3 km bereits wieder aus dem Wald treten. Sie überqueren einen kleinen Gebirgsbach und es eröffnen sich imposante Blicke nach rechts in ein wildes Tal, das zwischen den Bergen von Gleniska und Tooreenacoona hinabzieht ❸. Anschließend wandern Sie auf einem Schotterweg am Waldrand entlang. Dabei bieten sich Ihnen tolle Ausblicke nach Westen auf die Berge der Twelve Bens. Nach 700 m folgen Sie dem Forstweg wieder nach links in den Wald hinab.

Der alte Wegverlauf des Western Way führte hier bis 2017 geradeaus weiter und direkt zum Bunowen River. Aktuell bleibt der Western Way auf der Forststraße, es kann aber gut sein, dass sich der Wegverlauf wieder ändert.

Nadelholzplantagen

Vielleicht bemerken Sie bei Ihrer Wanderung die Nadelholzplantagen, die die Hügel auf der anderen Seite des Inagh Valley bedecken, und auch der Lettershanbally Forest ist alles andere als ein naturnaher Mischwald. In den 1970er- und 1980er-Jahren wurden von der Regierung solche Wälder in vielen Teilen von Galway und Mayo als Antwort auf die hohe Arbeitslosigkeit gepflanzt – mit großem Erfolg. Vierzig Jahre später ist die Zukunft vieler Plantagen weniger sicher, da die Kosten der Holzernte an den steilen Berghängen oder in den nassen Moorgebieten den Waldwert übersteigen.

Schließlich erreichen Sie den Bunowen River. Die Forststraße furtet den Fluss lediglich, doch zum Glück gibt es wenige Meter weiter rechts eine solide Metallbrücke ❹, über die Sie auch bei Hochwasser sicher auf die andere Uferseite gelangen können. Nach dem Fluss steigt der Western Way ein kurzes Stück relativ steil bergan zu einem Hügel, anschließend führt ein Bohlenweg auf der anderen Seite des Hügels genauso steil hinab und Sie queren kurze Zeit später eine Nebenstraße, die rechts in das abgelegene Glencraff und links nach Derrynacleigh führt.

Brücke über den Bunowen River

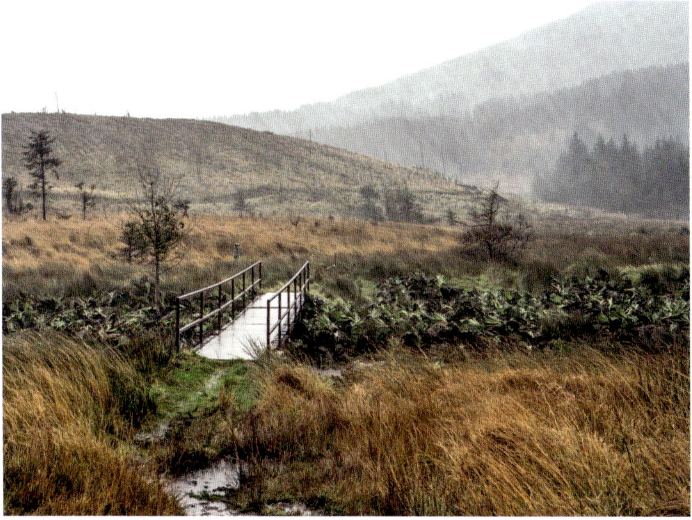

Mit der Killary Adventure Company und dem Connemara Hostel besitzt die kleine Siedlung Derrynacleigh am südlichen Ufer des Killary Harbour zwei große touristische Stützpunkte in der Region. Um dorthin zu gelangen, biegen Sie nach links auf das asphaltierte Sträßchen ab. Nach 600 m erreichen Sie die N59, der Sie weitere 800 m nach rechts folgen. Sie passieren das Gelände der Killary Adventure Company und erreichen kurz darauf eine Nebenstraße, die nach links zum Connemara Hostel führt.

Derrynacleigh

Killary Adventure Company, Killary Adventure Co, Derrynacleigh, Leenaun, Co. Galway, ☏ 095/434 11, adventure@killary.com, www.killaryadventure.com, 1,3 km vom Weg entfernt, ÜF DZ ab € 56. Von Canyoning, über Kajaken und Rafting, Hochseilgarten und Bogenschießen bis hin zu Bushcraft wird eine bunte Mischung an Outdoor-Aktivitäten angeboten. Darüber hinaus gibt es auch 23 Zimmer, die wahlweise als B&B, als Halb- oder als Vollpension gebucht werden können.

The Connemara Hostel, Connemara Loop, Tullyconor, Derrynacleigh, Co. Galway, ☏ 095/429 29, info@sleepzone.ie, www.sleepzone.ie/the-connemara-hostel, 2,4 km vom Weg entfernt, ÜF DZ ab € 65. Im Garten kann gezeltet werden (€ 24 für zwei Personen).

The Misunderstood Heron, Misunderstood Heron, Derrynacleigh, Leenaun, Co. Galway, ☏ 083/024 42 03, misunderstoodheron@gmail.com, misunderstoodheron.com, April-Oktober, Fr-So 11:00-17:00, Mo-Do geschlossen, kleines Outdoor-Café in malerischer Lage direkt am Fjord. Die äußerst sympathischen Betreiber legen großen Wert auf saisonale und regionale Lebensmittel. Neben Fisch und Meeresfrüchten gibt es auch leckere vegetarische und vegane Gerichte; dazu Kaffee und selbst gemachte Kuchen und Kekse.

An der N59 (Abzweigung der Nebenstraße zum Hostel) gibt es die Bushaltestelle Salruck Cross (Opp Hostel).

Hier verkehrt die Bus-Éireann-Linie 419 zwischen Galway und Clifden einmal die Woche. Der Bus hält jeden Dienstag um 9:38 und Sie können weiter zum Startpunkt der 5. Etappe in Leenaun (9:49) gelangen.

Darüber hinaus hält auch die Linie 423 zwischen Clifden und Westport in Salruck Cross. Der Bus hält sogar dreimal täglich (7:41, 12:06, 16:41) und fährt über den Etappenort Leenaun (7:47, 12:12, 16:47) zum Startpunkt der 7. Etappe in Westport (8:33, 12:58, 17:33).

Auf der gegenüberliegenden Seite der Straße führt der Western Way auf der Trasse der alten Killary Road immer leicht ansteigend am Hang entlang direkt in das nächste sumpfige Weidegebiet.

Nach einem unbedeutenden, mit vielen Felsen gespickten Sattel ❺ beginnt der Weg abzufallen und immer wieder haben Sie linker Hand einen wunderbaren Ausblick auf den Killary Harbour.

Killary Harbour

Der 16 km lange Killary Harbour ist das beste Beispiel eines Fjords in Irland. Es handelt sich dabei um einen weit ins Festland hineinreichenden Meeresarm, der durch einen seewärts wandernden Talgletscher ausgeformt wurde. Mit dem Rückzug der Gletscher am Ende der letzten Eiszeit konnte schließlich das Meer das tiefe Tal fluten.

Neben dem Tourismus ist heutzutage die Muschelzucht eine wichtige Einnahmequelle der lokalen Bevölkerung.

Kurz vor dem kleinen Dörfchen Leenaun mündet der Pfad in die N59 ❻.

Die ersten 600 m gibt es keinen Bürgersteig und die N59 ist darüber hinaus schmal und stellenweise kurvig. Passen Sie also bitte gut auf!

Sie folgen der N59 nach rechts in Richtung Leenaun und erreichen auch schon bald die ersten Häuser der Kleinstadt. Es folgt der winzige Hafen, an dem meist eine äußerst übersichtliche Anzahl an Booten vor Anker liegt und kurze Zeit später stehen Sie vor dem imposanten Leenaun Hotel ❼. Ab dem Hotel können Sie entspannt über den Bürgersteig wandern, der auf der linken Seite der Straße bis ins kleine Zentrum führt.

Leenaun B&B

Leenane Hotel, Clifden Road, Leenaun, Co. Galway, ☏ 095/422 49, info@leenanehotel.com, www.leenanehotel.com, direkt am Weg, 3 Sterne, ÜF DZ ab € 140. Das angeschlossene Restaurant bietet eine gute Auswahl an klassischen irischen und italienischen Gerichten, Mo-So 18:00-22:00

B&B Portfinn Lodge, Clifden Road, Leenaun, Co. Galway, ☏ 095/422 65, portfinn@gmail.com, www.hotelinconnemara.com, 100 m vom Weg entfernt, ÜF DZ ab € 82, Februar-November

Hamilton's Bar, Letterbrickaun, Leenaun, Co. Galway, ☏ 095/422 66, hamiltonsbarleenane@gmail.com, Mo-Do 10:30-23:30, Fr und Sa 10:30-0:30, So 12:00-23:00. Das Hamilton's ist ein familiengeführtes Restaurant direkt neben Gaynor's Bar und bekannt für sein gutes regionales Essen und ebenso gutes Bier. Außerdem ist ein kleines Lebensmittelgeschäft angeschlossen.

Gaynor's Bar (The Field Bar), Letterbrickaun, Leenaun, Co. Galway, ☏ 095/422 61, Mo-Sa 10:30-0:00, So 12:00-0:00. Das Gaynor's, das unter anderem als Schauplatz im Film „The Field“ Verwendung fand, ist ein weiterer familiengeführter traditioneller Pub mitten im Dorfzentrum ... bekannt für leckere Pints und gute Gespräche.

The Purple Door Café, N59, Leenaun, Co. Galway, ☏ 083/376 85 26, www.the-purple-door-cafe.business.site, Mo-Fr 9:00-17:00, Sa 8:30-20:00, So 8:30-17:00, nettes, kleines Café mit sehr leckerem Gebäck und Süßspeisen. Es gibt auch Frühstück, Sandwiches und ein paar Hauptgerichte.

Hamilton's Grocery, Letterbrickaun, Leenaun, Co. Galway, Mo-So 9:00-20:00

An Post Leenane, Letterbrickaun, Leenaun, Co. Galway, ☏ 095/422 34, Mo-Fr 9:00-13:00, 14:00-17:30, Sa 9:00-13:00, So geschlossen. Die Post befindet sich in Hamilton's Bar/Grocery/Petrol Station.

The Sheep and Wool Centre, Letterbrickaun, Leenaun, Co. Galway, ☏ 095/423 23, info@sheepandwoolcentre.com, www.sheepandwoolcentre.com, Mo-So 9:30-18:00, kleines, liebevoll gestaltetes Museum über die Herstellung von Wolle, Killary Café: schönes Café im Sheep and Wool Centre an der N59. Neben leckerem Frühstück gibt es kleinere und ein paar größere Gerichte, Salate, Kuchen und Waffeln.

Im Ortszentrum (am Hamilton's) gibt es eine Bushaltestelle. Hier verkehrt die Bus-Éireann-Linie 419 zwischen Galway und Clifden einmal die Woche.

Darüber hinaus hält auch die Linie 423 zwischen Clifden und Westport in Leenaun. Der Bus hält dreimal täglich (7:47, 12:12, 16:47) und kann Sie zum Startpunkt der 7. Etappe in Westport (8:33, 12:58, 17:33) bringen.

Leenaun (irisch: An Líonán) ist eine malerische Kleinstadt mit etwa 200 Einwohnerinnen und Einwohnern direkt am Killary Harbour, dem einzigen Fjord in Irland. Der ursprüngliche Name war Leenane und leitete sich von der irischen Ortsbezeichnung ab. An Líonán heißt übersetzt „die kleine Flutungsstelle“ und bezieht sich auf die Gezeiten im Fjord. Da es noch andere Orte in Irland gibt, die den Namen Leenane tragen, wurde die offizielle Schreibweise vor einigen Jahren in Leenaun geändert, was die Einheimischen allerdings nicht davon abhält, am gewohnten Leenane festzuhalten.

Im Jahr 1903 wurde Leenaun zum Schauplatz eines historischen Ereignisses, als mit Eduard VII. zum ersten Mal seit 700 Jahren ein englischer König Connemara, die arme und dünn besiedelte Region im äußersten Westen Irlands, besuchte. Für Connemara war dies ein Großereignis und bis zu 20.000 Menschen sollen damals an den Fjord geströmt sein, um den König zu sehen.

Die umliegende Gegend ist nach wie vor sehr ländlich und von der Schafzucht geprägt. So gibt es beispielsweise jedes Jahr die Blackface Mountain Sheep Show, in der das schönste Schaf von Nord-Connemara und Süd-Mayo gekürt wird.

5. Etappe: Leenaun – Derrymore

23,9 km, 6 Std. 30 Min., ↑ 476 m, ↓ 381 m, ⇧ 10-209 m

0,0 km	⇧ 13 m	Leenaun (An Líonán) B&B
2,5 km	⇧ 11 m	Glennagevlagh (Gleann na nGeimhleach)
4,0 km	⇧ 18 m	Aasleagh Waterfall
9,3 km	⇧ 24 m	Houston's Bridge
13,2 km	⇧ 182 m	Aussichtspunkt
15,7 km	⇧ 95 m	Abzweigung Mountain Route
19,5 km	⇧ 55 m	Drummin (An Dromainn)
23,9 km	⇧ 108 m	Derrymore (Doire Mór)

Der erste Abschnitt der 5. Etappe auf der Nationalstraße bis nach Aasleagh ist leider etwas unangenehm zu laufen, da er für irische Verhältnisse relativ verkehrsreich ist. Es folgt eine wunderschöne Passage am Erriff River entlang, bevor Sie über den malerischen Sheeffry Pass ins Tal des Owenmore River gelangen. Hier haben Sie zwei Möglichkeiten: Entweder Sie wandern über die Sheeffry Hills zum Lough Lugacolliwee oder Sie folgen weiterhin der Landstraße in Richtung Derrymore. Kurz hinter Drummin kommen beide Varianten wieder zusammen.

Straße in Richtung Drummin

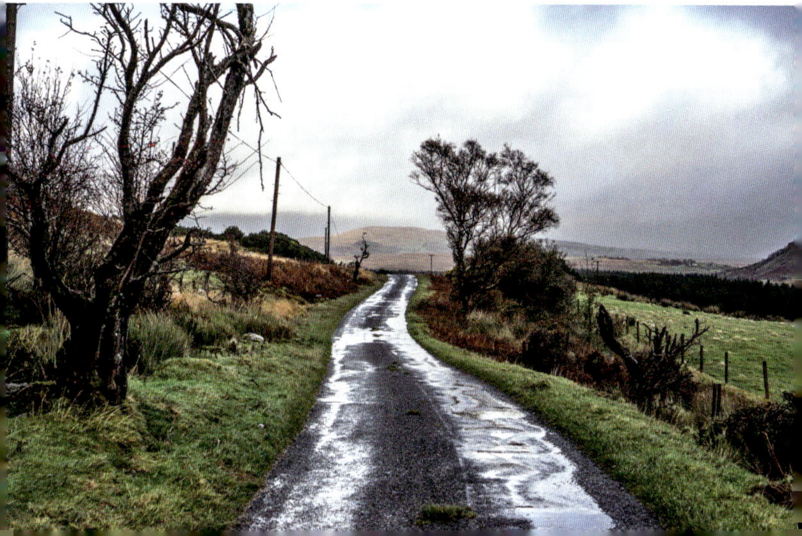

In Leenaun folgen Sie weiterhin der N59 in Richtung Westport. Sie kommen an einem Parkplatz vorbei, hinter dem es auch einen unscheinbaren Zugang zum Fjord gibt. Kurz danach endet leider der Bürgersteig und Sie müssen wieder direkt an der Straße in Richtung Aasleagh laufen. Nach etwa 700 m passieren Sie die direkt an der Straße liegende Leenane Church, dann lassen Sie die letzten Häuser von Leenaun hinter sich.

Auch wenn es etwas nervig ist, über einen so langen Abschnitt direkt an der Straße entlangzulaufen, so entschädigen doch die wunderschönen Ausblicke auf den Killary Harbour alle mal.

Die Straße führt immer ein Stück oberhalb des Fjords am Hang entlang, macht dann eine lang gezogene Rechtskurve und führt hinab nach Glennagevlagh ❶.

Glennagevlagh

Cottage 194, N59 Leenaun, Co. Galway, direkt am Weg, Ü ab € 248, Selbstversorger-Cottage für vier Personen. Der Mindestaufenthalt beträgt 2 Nächte.

Nachdem Sie die inzwischen leider geschlossene Carraig Bar passiert haben, lassen Sie die kleine Siedlung von Glennagevlagh auch schon wieder hinter sich. Sie folgen der N59 noch etwa 600 m, dann erreichen Sie die Countygrenze von Galway. Willkommen in Mayo! Wenige Meter weiter können Sie endlich die Hauptstraße verlassen und auf die R335 in Richtung Louisburgh abzweigen. Sie folgen der Straße noch ein Stück am malerischen Fjord entlang, bis Wegweiser direkt vor der Aasleagh Bridge nach rechts auf eine Forststraße leiten.

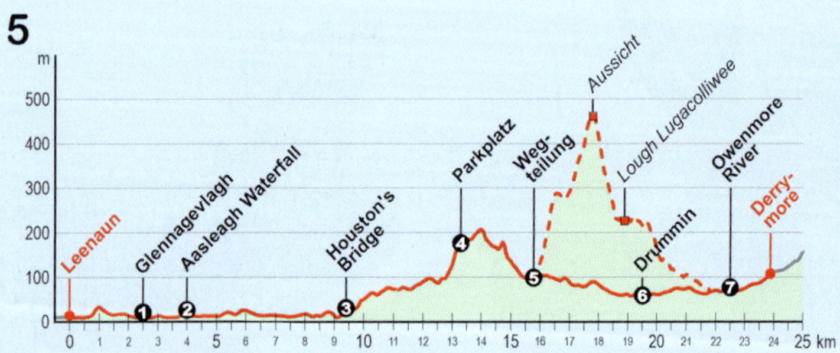

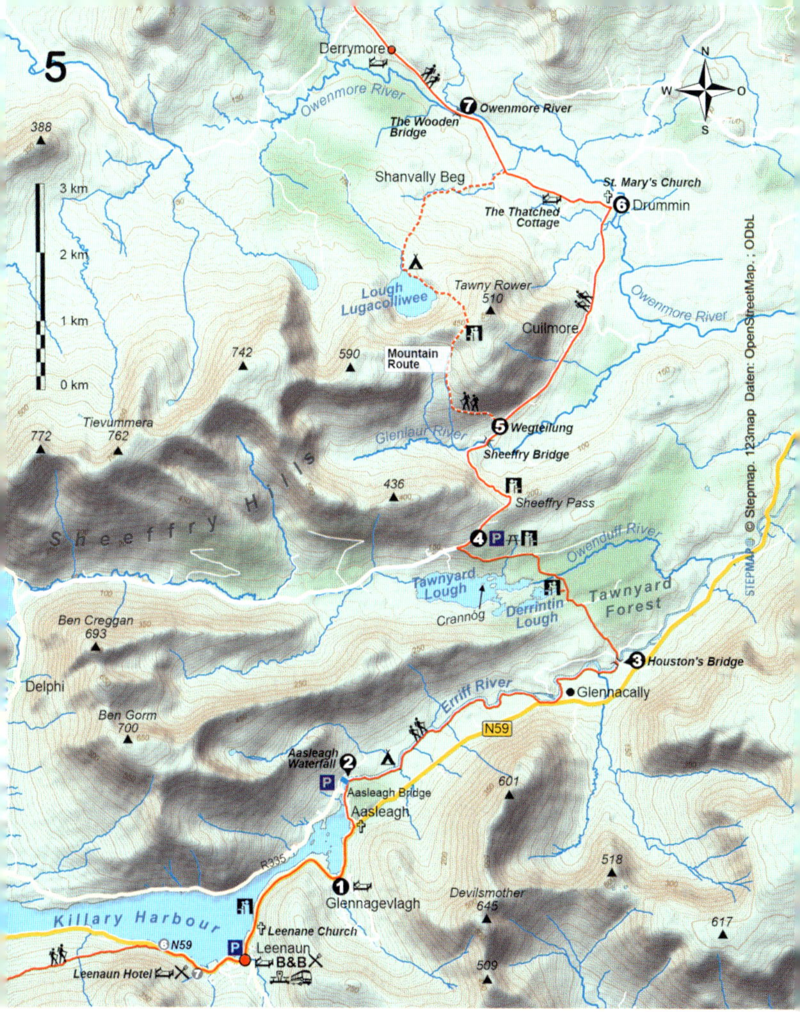

Rechts von Ihnen befindet sich das große Anwesen der Aasleagh Lodge, das einst dem Marquess of Sligo gehörte. Während des irischen Unabhängigkeitskriegs von 1919 bis 1921 brannte die Lodge vollständig ab. 1926 wurde das Anwesen, das inzwischen vom Staat verwaltet wird, wieder errichtet.

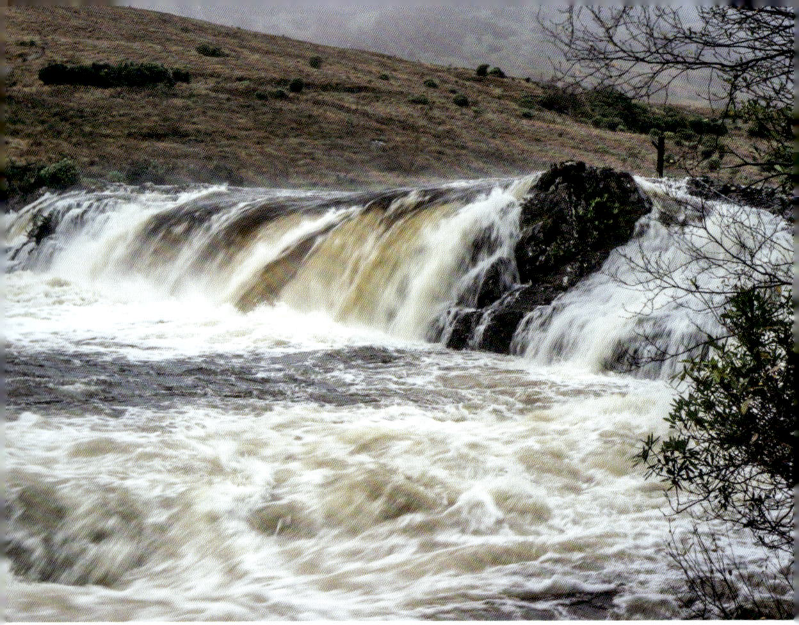

Aasleagh Falls bei Hochwasser

☺ Nach etwa 150 m zweigen Pfade von der Forststraße nach links zum Aasleagh Waterfall ab.

Aasleagh Waterfall

Der Aasleagh Waterfall befindet sich kurz vor der Mündung des Erriff Rivers in den Killary Fjord. Der Name geht auf die irische Bezeichnung Eas Liath für „grauer Wasserfall" zurück. Auch wenn der Wasserfall nur etwa 4 m hoch ist, so führt er doch einiges an Wasser und sein Rauschen kann bereits lange Zeit vorher vernommen werden. Genau wie der Ort Leenaun war auch der Aasleagh Waterfall Filmkulisse für den 1990 gedrehten Film „The Field" mit Richard Harris und Sean Bean. Aufgrund der guten Erreichbarkeit von der N59 aus gehört der Aasleagh Waterfall zu den beliebtesten Sehenswürdigkeiten von Connemara.

Kurz nach dem Wasserfall ❷ geht der Weg in einen neu markierten Pfad über, der immer unmittelbar am Erriff River entlangführt.

Nach starken Regenfällen muss damit gerechnet werden, dass große Teile des Western Way am Erriff River entlang überschwemmt sein können.

Auf dem Abschnitt zwischen dem Aasleagh Waterfall und der Houston's Bridge gibt es einige schöne Zeltmöglichkeiten. Zumindest im Bereich von Glennacally sollten Sie allerdings auf jeden Fall um Erlaubnis fragen.

Der Pfad windet sich nun äußerst idyllisch zwischen großen Farnbeständen und Ginsterbüschen am Flussufer entlang. Die kleinen Bäche, die von den umliegenden Hügeln herabfließen und schließlich in den Erriff River münden, sind durchgehend überbrückt und immer wieder werden Sie neugierige Schafherden passieren. Der Fluss ist ein bedeutendes Lachs- und Forellenrevier und auch der Pfad, dem Sie folgen, ist in erster Linie ein Zugang für die Anglerinnen und Angler. Nach etwa 3 km erreichen Sie eine grüne Schafweide und der Pfad wendet sich in Richtung Südosten. Sie wandern noch einmal ein kurzes Stück unmittelbar unterhalb der N59 entlang, bis der Fluss einen Linksbogen schlägt. Nun bleiben Sie erneut auf saftig grünen Schafweiden unmittelbar am Flussufer. Gerade im Herbst und Frühjahr bieten die Wiesen einen enormen Kontrast zu den rotbraunen Bergflanken, die sich südöstlich der N59 erheben.

Nachdem Sie dem Erriff River insgesamt 5,6 km gefolgt sind, erreichen Sie eine kleine Steinbrücke, Houston's Bridge ❸, auf der Sie den Fluss überqueren können. Sie folgen der Straße ein Stück bergauf und passieren ein paar Farmhäuser. Anschließend geht die Straße in einen Schotterweg über und führt durch freies Sumpfland in Richtung Tawnyard Forest. Wenige Meter bevor Sie den eigentlichen Wald betreten, mündet der Schotterweg in eine weitere Forststraße, der Sie nach links in den Wald folgen. Auch hier sind wieder große Teile des Waldes, vor allem auf der rechten Seite des Weges, abgeholzt worden.

Kurz bevor Sie zum Owenduff River gelangen, zweigt links ein etwa 200 m langer Pfad zu einem schönen Aussichtspunkt am Derrintin Lough ab.

Sie überqueren den Owenduff River und wandern weiterhin auf der markierten Forststraße durch den Nadelwald, über dessen Spitzen immer wieder die bis zu 800 m hohen Bergkuppen der Mweel Rea Mountains hervorlugen, bis Sie nach einem Weidegatter eine schmale Landstraße erreichen. Sie folgen der Landstraße ein Stück bergauf und kommen nach 300 m zu einem kleinen Parkplatz mit Picknicktisch ❹ und einem wunderschönen Ausblick auf den nun weit unter Ihnen liegenden Tawnyard Forest mit seiner malerischen Seenplatte und auf die umliegenden Bergketten. Im großen Tawnyard Lough können Sie bei guter Sicht mehrere Inseln erkennen. Die westlichste der Inseln ist eine sogenannte Crannóg. Es handelt sich dabei um eine aus Baumstämmen, Sand und Steinen errichtete künstliche Insel.

In Irland und den nordwestlichen Teilen der Britischen Inseln wurden Crannógs ab der Jungsteinzeit errichtet und teilweise bis ins Hochmittelalter genutzt. Vom Wasser umgeben zu sein, machte die Siedlung zum einen sehr sicher und sorgte gleichzeitig auch für Nahrung in Form von Fischen.

☺ Machen Sie doch mal eine Pause und genießen Sie in Ruhe den schönen Ausblick.

Anschließend wandern Sie weiter auf der ruhigen, weiterhin sehr aussichtsreichen Landstraße zum 209 m hoch gelegenen Sheeffry Pass. Kurz nach dem Pass gibt es einen weiteren tollen Aussichtspunkt über eine irische Landschaft wie aus dem Bilderbuch. Linker Hand windet sich die Landstraße nun sanft abfallend ins Tal des Glenlaur River hinab. Dahinter erheben sich die kargen Bergkuppen der Sheeffry Hills und dazwischen stehen immer wieder einzelne Schafe als weiße Punkte in der Landschaft – es ist fast ein bisschen zu kitschig.

Nachdem Sie sich sattgesehen haben, folgen Sie der Straße zur Sheeffry Bridge hinab. Am unteren Ende der Straße gab es im 19. Jh. eine kleine Silbermine und die Ruine der Schmelzhütte ist immer noch unterhalb der Brücke am Ufer des Glenlaur River zu sehen.

Etwa 300 m nach der Brücke teilt sich der Weg ❺. Die Originalroute bleibt auf der Landstraße und führt in das kleine Örtchen Drummin. Die ebenso markierte Mountain Route führt direkt über die Sheeffry Mountains zum Lough Lugacolliwee.

Mountain Route

Die Mountain Route ist deutlich schöner, aber auch anspruchsvoller als der Hauptweg durchs Tal und sollte nur bei gutem Wetter begangen werden. Die Route ist etwa 6,2 km lang, teilweise weglos, aber komplett markiert. Folgen Sie den Markierungen etwa 300 m parallel zu der Steinmauer den Hang hinauf. Am Ende der Steinmauer halten Sie sich nach links, bis Sie einen kleinen Gebirgsbach erreichen. Sie folgen dem Bach nun auf seiner rechten Seite bergauf in ein Hangtal hinein. Solche Hangtäler sind neben Fjorden ein weiteres Merkmal einer ehemaligen Vergletscherung. Sie bilden sich durch kleinere Gletscher hoch oben an den Flanken von Haupttälern, die wiederum von viel größeren Eismassen geschaffen wurden. Sie folgen dem Tal nun leicht rechts haltend bergauf, bis Sie zu einem kleinen Sattel oberhalb des Lough Lugacolliwee auf etwa 467 m Höhe gelangen.

Achtung! Steuern Sie nicht den tiefsten Punkt am Sattel an. Dahinter gibt es eine steile Abbruchkante in Richtung See.

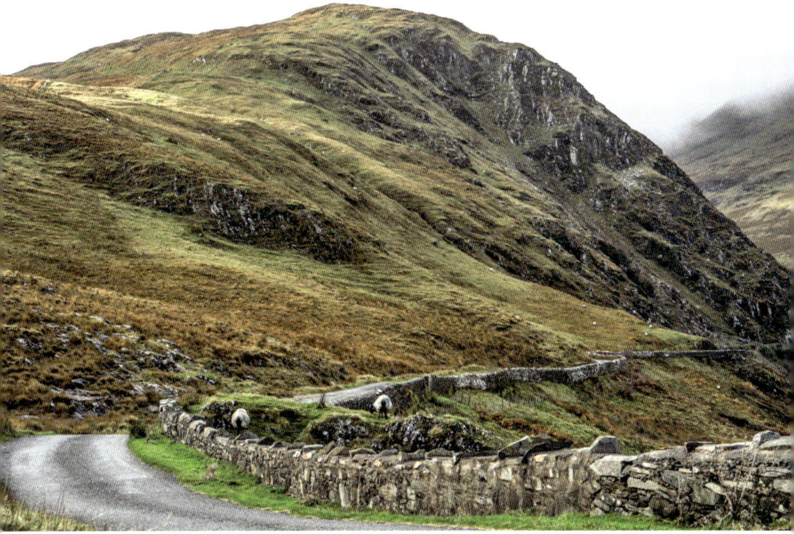

Idyllische Nebenstraße oberhalb von Sheeffry Bridge

Vom Sattel aus haben Sie einen wunderschönen Ausblick über den See und die umliegenden kahlen Hügelkuppen, während eine Etage tiefer ein dunkler Nadelwald für den nötigen Kontrast sorgt. Im Norden liegt der markante Croagh Patrick und dahinter schimmert der Ozean. Es folgt ein steiler, weitestgehend wegloser, aber nach wie vor gut ausgeschilderter Abstieg zum Ostufer des 240 m tiefer liegenden Bergsees, über dem sich die angesprochene Abbruchkante aufbaut.

Auch wenn das Gebiet zu großen Teilen sehr sumpfig ist, so gibt es am See doch ein paar gute Zeltmöglichkeiten.

Sie wandern etwa 700 m am Seeufer entlang, bevor Sie sich nach Norden wenden und noch etwa 300 m an einem Bach entlanglaufen. Anschließend verlassen Sie den Bach und biegen nach rechts in den Sumpf ab, den Sie nun über Pfadspuren durchqueren, bis Sie auf einen Weg stoßen, der Sie kurz darauf zu den ersten Häusern von Shanvally Beg führt. Sie folgen der Straße weiterhin bergab und erreichen bald wieder die Hauptroute.

Die Hauptroute bleibt im Tal und folgt weiterhin der ruhigen Landstraße an der felsigen Bergflanke des Tawny Rower entlang Richtung Nordosten. Wandern Sie anfangs noch durch ein ödes Sumpfgebiet, so tauchen bald mit den so typischen Steinmauern abgetrennte Weidewiesen auf der rechten Seite der Straße auf.

Kurz darauf wird es schon wieder karger, dafür reichen die Blicke bei gutem Wetter kilometerweit über die umliegende Hügellandschaft. Die nächsten Häuser, die Sie erreichen, gehören zur kleinen Siedlung Cuilmore und 1,5 km später passieren Sie das Ortsschild von Drummin (warum es ausgerechnet hier ein Ortsschild gibt, weiß kein Mensch). Die Straße führt nun noch 500 m zwischen Weiden dahin, dann stehen Sie vor der großen St. Mary's Church ❻.

Drummin

The Thatched Cottage, Drummin East, Drummin, Co. Mayo, direkt am Weg, Ü ab € 116, schönes, renoviertes Cottage mit Platz für fünf Personen. Der Mindestaufenthalt beträgt 2 Nächte und das Cottage ist nur über das Internet (www.sykescottages.co.uk) buchbar.

Neben der Kirche verfügte der Ort früher über eine Mühle, eine Schule, ein Postamt, eine Kaserne, einen Pub und drei Geschäfte. Leider ist davon inzwischen nur noch die Kirche übrig. Wie viele ländliche Gemeinden in Irland hat auch Drummin damit zu kämpfen, dass die Leute lieber in den größeren Ortschaften wie Westport einkaufen gehen.

An der Kirche wenden Sie sich nach links in Richtung Louisburgh und kommen bald am ehemaligen Pub vorbei. In stetigem Auf und Ab führt die Straße anschließend durch die verstreuten Häuser des kleinen Ortes. Kurz vor einer Brücke kommt die Mountain Route von links den Berg hinab und trifft wieder auf die Hauptroute des Western Way. Sie passieren die Brücke und lassen die letzten Häuser von Drummin hinter sich, während vor Ihnen am Horizont bereits der mächtige Crough Patrick auftaucht.

Etwa 1 km weiter überqueren Sie den laut dahin rauschenden Owenmore River ❼, bevor Sie nochmals 2 km später die verstreut liegende Siedlung von Derrymore erreichen.

Derrymore

The Hermitage, Derrymore, Drummin, Co. Mayo, ☏ 083/309 12 21, darahensey@gmail.com, www.selfcateringwestport.ie, 600 m vom Weg entfernt, Ü ab € 65. The Hermitage bietet ein kleines Häuschen für vier Personen (€ 85) und eine Hütte für sechs Personen (€ 65) mitten in der Natur.

♦ Mountain View Accomodation, Mountain View, Derrymore, Drummin, Co. Mayo, ☏ 098/217 56, www.mountainviewwestport.com, 250 m vom Weg entfernt, ÜF DZ ab € 60. Mountain View Accomodation besteht aus drei kleinen Cottages mit Gemeinschaftsbad in sehr ruhiger Lage.

6. Etappe: Derrymore – Westport

19 km, 5 Std. 30 Min., ↑ 417 m, ↓ 529 m, ⇧ 4-246 m

0,0 km	⇧ 108 m	Derrymore (Doire Mór)
6,9 km	⇧ 235 m	Mayo Mountain Rescue
13,1 km	⇧ 13 m	Belclare (Béal an Chláir)
16,1 km	⇧ 14 m	Rossbeg (An Ros Beag) **B&B**
19,0 km	⇧ 14 m	Westport (Cathair na Mart) **B&B** BANK

Die 6. Etappe ist äußerst abwechslungsreich und führt nach einer kurzen Eingehphase über die Landstraße durch ein wildes Sumpfgebiet und ein abgelegenes Waldstück an den Hängen des berühmten Croagh Patrick entlang in Richtung Westport. Die schmucke Kleinstadt an der Clew Bay wurde zur lebenswertesten Stadt Irlands gekürt und bietet sich wunderbar für einen Ruhetag an.

In Derrymore bleiben Sie weiterhin auf der Landstraße, die bald schmaler wird und zwischen grünen Schafweiden auf der linken und rauem Sumpfland auf der rechten Seite immer weiter bergauf führt.

Seen auf einer sumpfigen Hochebene in der Nähe von Derrymore

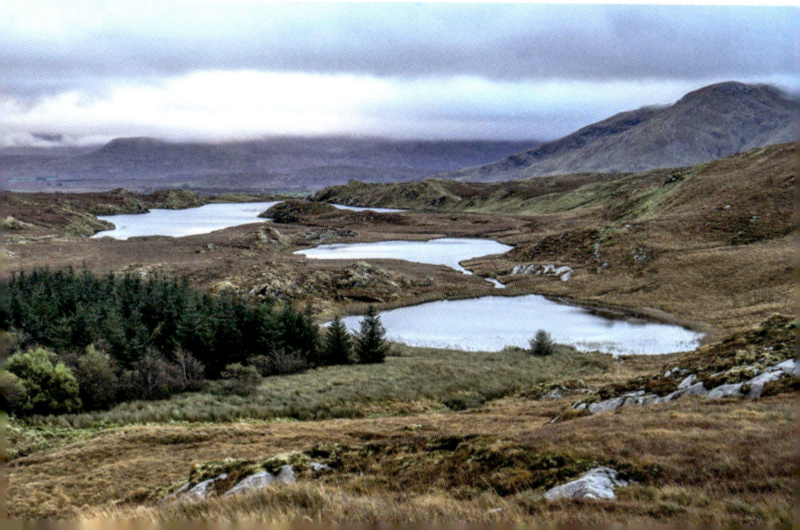

Hier lohnt sich ein Blick zurück, denn nun liegen Ihnen die gesamten Berge der Sheeffry Hills, über die Sie ja vielleicht gestern gewandert sind, zu Füßen. Nach 1,9 km erreicht das Sträßchen einen einsamen, zwischen sumpfigen Hügeln liegenden Pass ❶ und beginnt in Richtung Meer hin abzufallen. Sie folgen der Straße noch etwa 300 m hinab, dann zweigt der Western Way nach rechts auf einen sehr morastigen Pfad ab, der tolle Ausblicke auf die drei Seen Lough Beg, Lough Oughter und Lough Gull bietet.

⛺ Zwischen den Seen und dem Hügel oberhalb des Western Way gibt es gute Zeltmöglichkeiten.

Wegweiser mit einem Schafsschädel in einem Waldstück zwischen Derrymore und Westport

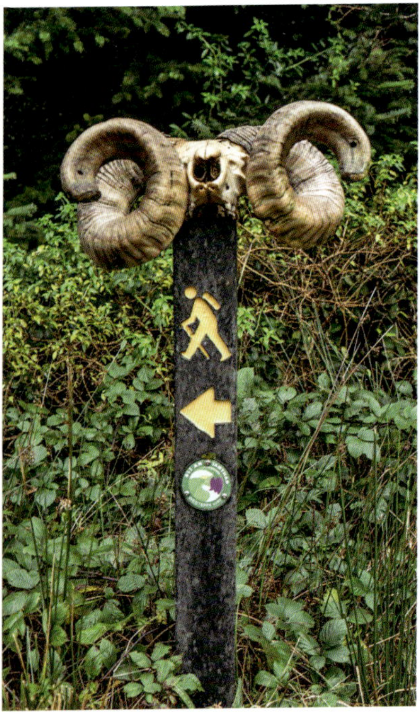

Nach 700 m überqueren Sie einen kleinen Fluss und einen Weidezaun und betreten im Anschluss ein größeres Waldgebiet, das sich westlich des Lough Nacorra erstreckt. Der kleine Pfad führt nochmals steil bergan und verläuft dann durch eine schmale Schneise parallel zu einem Weidezaun bis zu einer Forststraße, auf die Sie nach links abbiegen. Die Forststraße windet sich kurvenreich durch den Wald und mündet schließlich in eine weitere Schotterstraße ❷.

☺ Auf dem Wegweiser gegenüber thronte zumindest im Jahr 2021 ein stattliches Schafgeweih. Nicht erschrecken!

Am Schafgeweih biegen Sie nach links ab, folgen der Straße 300 m, um sie sodann auch schon wieder nach rechts zu verlassen. Vor Ihnen liegt nun direkt der mächtige Croagh Patrick.

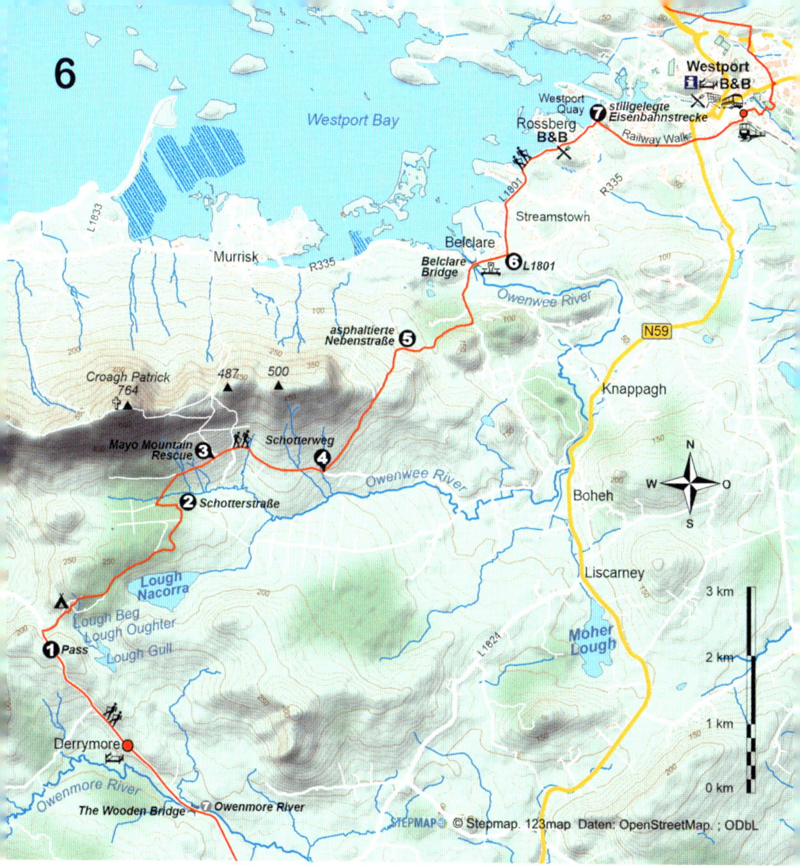
6
Westport Bay
Westport
B&B
Westport Quay
stillgelegte Eisenbahnstrecke
Rossberg
B&B
Railway Walk
L1801
R335
Streamstown
Belclare
Belclare Bridge
L1801
Owenwee River
Murrisk
R335
L 1833
N59
asphaltierte Nebenstraße
Croagh Patrick 764
487
500
Knappagh
Mayo Mountain Rescue
Schotterweg
Owenwee River
Schotterstraße
Boheh
N
W
O
S
Liscarney
Lough Nacorra
Lough Beg
Lough Oughter
Lough Gull
Pass
Moher Lough
L1824
3 km
2 km
1 km
0 km
Derrymore
Owenmore River
The Wooden Bridge
Owenmore River
STEPMAP © Stepmap. 123map Daten: OpenStreetMap. ; ODbL

6

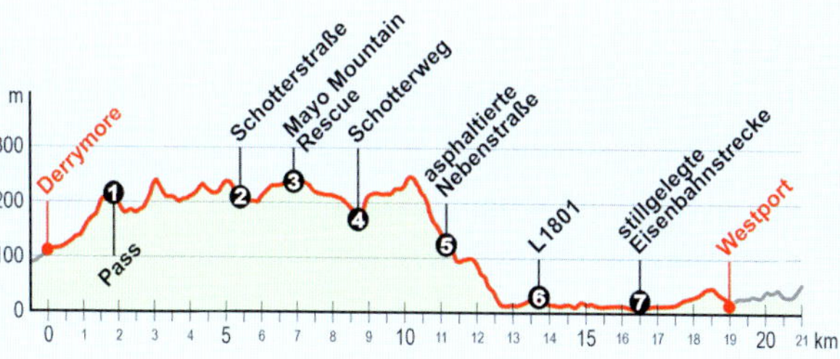
m
300
200
100
0
Derrymore
Pass
Schotterstraße
Mayo Mountain Rescue
Schotterweg
asphaltierte Nebenstraße
L1801
stillgelegte Eisenbahnstrecke
Westport
0 1 2 3 4 5 6 7 8 9 10 11 12 13 14 15 16 17 18 19 20 21 km

Croagh Patrick

Der 764 m hohe Croagh Patrick mit seiner kahlen Bergkuppe, im Volksmund auch „The Reek" genannt, ist bereits seit Hunderten von Jahren eine Wallfahrtsstätte zu Ehren des Saint Patrick. Der Legende nach stieg der Patron Irlands im Jahr 441 n. Chr. auf den Berg, fastete dort 40 Tage lang und erbaute eine Kapelle. Wo er schon dabei war, vertrieb er auch noch alle Schlangen von der Insel, indem er eine Glocke den Berghang hinabwarf.

Fest steht, dass es schon zur Bronzezeit eine Befestigung auf dem Berg gab und bereits lange vor der Christianisierung feierten Pilgerinnen und Pilger auf dem markanten Gipfel ein Fest zu Ehren des Gottes Lugh. Nachdem sich das Christentum in der Region ausbreitete, wurde um das Jahr 600 eine kleine Kapelle auf dem Gipfel erbaut. Die etwas größere Kapelle, die man bei gutem Wetter heutzutage im Sonnenlicht glitzern sehen kann, wurde 1905 erbaut. Am sogenannten Reek Sunday, dem letzten Sonntag im Juli, steigen jährlich etwa 25.000 Pilgerinnen und Pilger, viele davon barfuß, den Berg hinauf.

Sie überqueren einen kleinen Bach und folgen der Straße nun für ein paar Hundert Meter den Hang empor, bis die Forststraße nach rechts abknickt und Sie kurz darauf den Waldrand erreichen. Der Weg führt immer am Hang unterhalb des Croagh Patrick entlang und vor allem in Richtung Südosten können Sie die kilometerweiten Ausblicke über die Torfmoore am Owenwee River genießen. Nach 500 m erreichen Sie zwei abgelegene Höfe und direkt im Anschluss die Container des Mayo Mountain Rescue Teams ❸. Die ehrenamtliche Organisation leistet den Such- und Rettungsnotdienst in den Bergen von Mayo und wird von der Polizei beauftragt. Etwa 80 % ihrer jährlichen Einsätze hat das Team am Croagh Patrick.

Das kleine Sträßchen verläuft noch etwa 1,8 km durch die karge Landschaft mit ihren weiten Ausblicken, dann zweigt der Western Way nach links auf einen Schotterweg ab ❹. Der Weg durchquert ein kurzes Heidegebiet und rechts tauchen die Ruinen alter Höfe auf, zwischen denen immer noch Schafe genüsslich weiden. Sie erreichen schließlich einen kleinen Sattel und der steinige Weg beginnt jenseits steil in Richtung Westport Bay abzufallen. Dabei haben Sie einen tollen Blick auf die Bucht, die Teil der noch viel größeren Clew Bay ist. 110 Hm weiter unten erreichen Sie eine asphaltierte Nebenstraße, auf die Sie nach rechts abbiegen ❺. Sie folgen der Straße erst an Farmhäusern vorbei und dann durch einen dichten Mischwald, bevor Sie nach einem guten Kilometer links abbiegen und schließlich die R335 an der über den Owenwee River führenden Belclare Bridge erreichen.

Belclare

Emo-Gannon's Filling Station, Belclare Lodge, Belclare, Westport, Co. Mayo, ☏ 098/252 39, Mo-So 9:00-20:30, Tankstelle mit kleinem Gemischtwarenladen, in dem Sie auch einen Kaffee bekommen.

Hier biegen Sie nochmals rechts ab und folgen der Hauptstraße (zum Glück mit Bürgersteig) etwa 500 m, an der Emo-Tankstelle vorbei, bis Sie links auf die L1801 abbiegen können ❻. Die Straße, die ebenfalls durchgängig einen Bürgersteig besitzt, führt durch das kleine Streamstown zum Meer und dann für eine Weile direkt am Wasser entlang.

☺ Hier gibt es einen kleinen Strand, der sich für eine Pause anbietet.

Sie durchqueren anschließend eine Halbinsel, bevor die Straße auf der anderen Seite wieder direkt am Meer entlangführt und Sie die Siedlung von Rossbeg erreichen. Auch hier gibt es einen Strand.

Rossbeg

B&B

B&B Glenderan Bed and Breakfast, Rossbeg, Westport, Co. Mayo, ☏ 098/265 85, info@glenderan.com, www.glenderan.com, 450 m vom Weg entfernt, ÜF DZ ab € 120, , ⊗, 1. Juni-31. September

♦ Rosmo House B&B, Coast Road, Rossbeg, Westport, Co. Mayo, ☏ 098/259 25, info@rosmo-accommodation.com, www.rosmo-accommodation.com, direkt am Weg, ÜF DZ ab € 70, , ⊗

Cronin's Sheebeen, Rossbeg, Westport, Co. Mayo, ☏ 098/265 28, reservations@croninssheebeen.com, www.croninssheebeen.com, Mi und Do 17:00-23:00, Fr und Sa 17:00-1:00, So 15:00-23:00, Mo und Di geschlossen. Der mehrfach ausgezeichnete Pub besticht durch angenehme Atmosphäre und sehr leckeres Essen.

Entlang der Promenade kommen Sie am bereits mehrfach ausgezeichneten Restaurant Cronin's Sheebeen vorbei, bevor Sie abermals eine kleine Halbinsel durchqueren, nach deren Ende sich linker Hand zum dritten und letzten Mal das Meer auftut und Sie das eigentliche Westport erreichen. Sie folgen noch ein kurzes Stück der Harbour View Street, biegen nach rechts in eine kurze Sackgasse zur The Quay School ab und biegen wiederum direkt vor ebenjener nach rechts auf die alte, 1977 stillgelegte Eisenbahnstrecke ab ❼, die nun als asphaltierter Rad- und Fußgängerweg in Richtung Innenstadt führt.

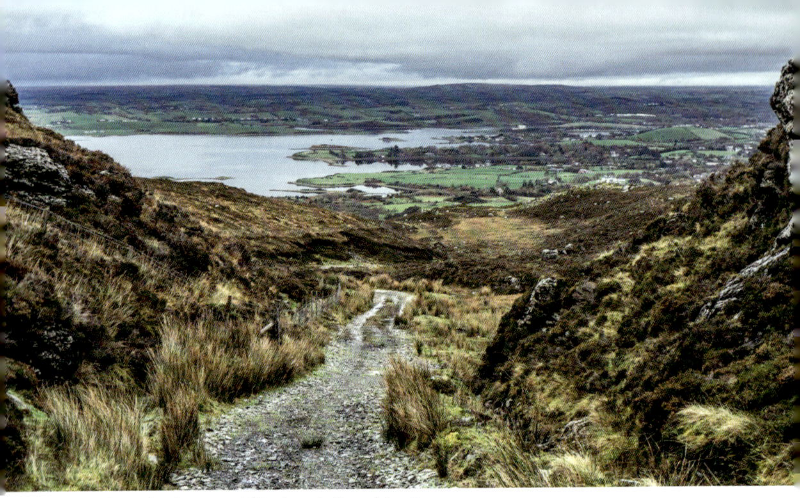

Steiler Abstieg zur Westport Bay hinab

Zwischen Westport und Newport gibt es nur vereinzelt Western-Way-Markierungen. Am besten Sie orientieren sich einfach an der grünen Greenway-Ausschilderung in Richtung Achill (irisch: Acaill) beziehungsweise Newport.

Sie folgen dem Rad- und Fußweg immer am Stadtrand entlang, an einem großen Spielplatz und Skatepark vorbei, unterqueren direkt im Anschluss die N59, bevor der Railway Walk nach insgesamt 2,5 km endet und unweit des Zentrums in die Mill Street mündet.

Westport

Tourist Information Centre Westport, Bridge St, Cahernamart, Westport, Co. Mayo, ☏ 018/00 23 03 30, www.discoverireland.ie, Mo-Sa 9:00-17:00, So geschlossen

The Wyatt Hotel, The Octagon, Westport, Co. Mayo, ☏ 098/250 27, info@wyatthotel.com, www.wyatthotel.com, 600 m vom Weg entfernt, 3 Sterne, ÜF DZ ab € 130. Das Hotel verfügt über ein Restaurant, in dem auch auswärtige Gäste herzlich willkommen sind, Mo-So 10:00-23:00. Zu dem Hotel gehört auch die Cobbler's Bar mit regelmäßiger Livemusik, Mo-Mi 12:00-0:00, Do-Sa 12:00-0:30, So 12:00-23:30.

♦ The Mariner, Mill St, Cahernamart, Westport, Co. Mayo, ☏ 098/292 00, welcome@themariner.ie, www.themariner.ie, 300 m vom Weg entfernt, ÜF DZ ab € 139. Zum Hotel gehört auch das Restaurant The Curious Fish, in dem köstliche saisonale Menüs in einer herrlichen Umgebung und mit freundlichem Service serviert werden, Mo-So 13:00-21:00

B&B Clooneen House, Castlebar Rd, Carrowbeg, Westport, Co. Mayo, ☏ 098/253 61, info@clooneenhousewestport.com, www.clooneenhousewestport.com, 250 m vom Weg entfernt, ÜF DZ ab € 99,

♦ Mulberry Lodge B&B, Newport Road, Deerpark East, Westport, Co. Mayo, ☏ 087/788 68 66, 750 m vom Weg entfernt, ÜF DZ ab € 85

♦ The Waterside B&B, Harbour View, Cloonmonad, Westport, Co. Mayo, ☏ 098/296 03, thewatersidebb@gmail.com, www.watersidebb.com, 200 m vom Weg entfernt, ÜF DZ ab € 85,

B&B Mocha Beans Westport, Octagon, Cahernamart, Westport, Co. Mayo, ☏ 086/859 37 57, mochabeans.com, 550 m vom Weg entfernt, ÜF DZ ab € 89. Das Bed and Breakfast befindet sich in einem schönen kleinen Café mit eigener Kafeerösterei, Mo-Sa 7:00-19:00, So 8:00-18:00.

Il Vulcano, High St, Cahernamart, Westport, Co. Mayo, ☏ 098/248 88, ilvulcano.ie, Mo-So 16:00-22:00, gute italienische Küche

♦ An Port Mór, 1 Brewery Place, Westport, Co. Mayo, ☏ 098/267 30, bookings@anportmor.com, www.anportmor.com, Di-Do 17:00-21:00, Fr und Sa 16:00-21:30, So und Mo geschlossen, ausgezeichnetes Restaurant mit moderner irischer Küche. Die Zutaten sind frisch, regional und saisonal.

♦ Sage Restaurant, 10 High St, Cahernamart, Westport, Co. Mayo, ☏ 098/567 00, sagewestport@yahoo.ie, www.sagewestport.ie, Di-Sa 17:30-21:30, So und Mo geschlossen. Das Sage Restaurant bietet hochwertige irische Küche und auch viele vegetarische Gerichte.

♦ West Kebab, 29 Castlebar St, Cahernamart, Westport, Co. Mayo, ☏ 098/279 41, www.westkebab.ie, Mo-Do 16:30-0:00, Fr und Sa 16:30-3:30, So 16:30-0:30. Ein Dönerimbiss darf natürlich auch in Westport nicht fehlen.

♦ Cian's on Bridge Street, 1 Bridge St, Cahernamart, Westport, ☏ 098/259 14, ciansonbridgestreet@gmail.com, www.ciansonbridgestreet.com, Di-So 10:00-16:00, 17:00-21:00 Mo geschlossen. Hier gibt es Frühstück, Sandwiches, Donuts und vor allem eine große Auswahl an leckeren Burgern.

McHugh's Cafe, S Mall, Cahernamart, Westport, Co. Mayo, ☏ 087/909 40 50, Mo-Sa 10:00-17:00, So 11:00-16:00

The Clock Tavern, High St, Cahernamart, Westport, Co. Mayo, ☏ 098/268 70, www.theclocktavern.ie, Mo-Fr 18:00-0:00, Sa 14:00-0:30, So 14:00-23:30

♦ Matt Molloy's, Bridge St, Cahernamart, Westport, Co. Mayo, ☏ 098/266 55, info@mattmolloy.com, www.mattmolloy.com. Jeden Tag Livemusik.

♦ The Old Grainstore, Bridge St, Cahernamart, Westport, Co. Mayo, ☏ 098/261 45, theoldgrainstorewestport@gmail.com, www.theoldgrainstore.ie, Mo-Do 17:00-23:30, Fr 17:00-0:30, Sa 13:00-0:30, So13:00-23:00, beliebte Whiskey Bar mit Sportübertragungen

- Kavanagh's SuperValu Westport, Shop St, Cahernamart, Westport, Co. Mayo, ☏ 098/270 00, Mo-Sa 8:00-22:00, So 9:00-22:00
- Tesco Superstore, Altamont St, Knockranny, Westport, Co. Mayo, ☏ 081/855 55 72, Mo-Sa 8:00-22:00, So 10:00-21:00
- McLoughlin's Spar, Shop St, Cahernamart, Westport, Co. Mayo, ☏ 098/256 31, Mo-Sa 8:00-18:00, So 9:00-17:00
- Call of the Wild, Bridge Street, Westport, Co. Mayo, ☏ 083/207 48 09, Mo-Sa 9:30-18:00, So geschlossen
- Portwest Ireland-The Outdoor Shop Westport, Bridge St, Cahernamart, Westport, Co. Mayo, ☏ 098/517 08, www.theoudoorshop.ie, Mo-Sa 10:00-18:00, So geschlossen
- Golden's Pharmacy, 24 Sráid an Droichid, Cahernamart, Westport, Co. Mayo, ☏ 098/280 11, sales@goldenspharmacy.ie www.goldenspharmacy.ie, Mo-Sa 9:00-18:00, So geschlossen
- Bank of Ireland, High St, Cahernamart, Westport, Co. Mayo, ☏ 098/255 22, Mo-Fr 10:00-16:00, Sa und So geschlossen
- AIB Bank, 10 Shop St, Cahernamart, Westport, Co. Mayo, ☏ 098/254 66, Mo 10:00-17:00, Di-Fr 10:00-16:00, Sa und So geschlossen
- An Post Westport, N Mall, Cahernamart, Westport, Co. Mayo, ☏ 098/272 10, Mo-Fr 9:00-17:30, Sa 9:00-13:00, So geschlossen
- Bus Station Mill Street, Cahernamart, Westport. Zentrale Bushaltestelle, an der die Bus-Éireann-Linien 423 zwischen Clifden und Westport, 440 zwischen Westport und Athlone, 450 zwischen Dooagh und Louisburgh, 454 zwischen Westport und Ballina und 456 zwischen Castlebar und Galway verkehren. Die jeweiligen Abfahrtszeiten lassen sich online unter www.buseireann.ie einsehen.
- Westport Train Station, Westport Train Station, Altamont St, Westport, ☏ 098/252 53. Vom kleinen Bahnhof in Westport gibt es mehrmals täglich (Abfahrtszeiten variieren) eine Direktverbindung nach Dublin Heuston (3 Std. 30 Min.). Mit einem Umstieg kommt man allerdings auch nach Ballina oder Galway.

Das 6.198 Einwohnerinnen und Einwohner zählende Westport (irisch: Cathair na Mart) ist der für Irland eher ungewöhnliche Fall einer geplanten Stadt. Mitte des 18. Jh. ließ die Familie Browne, deren Familienoberhaupt den Titel Marquess of Sligo trägt, das Westport House als luxuriösen Landsitz errichten. Das ursprüngliche Dorf musste dem Anwesen weichen und wurde in den 1780er-Jahren an die heutige Stelle versetzt. Die neue Siedlung sollte nun auch als Wohnsitz für die im Westport House beschäftigten Leute dienen. Das heutige Zentrum besteht aus einer Reihe von Stadthäusern im georgianischen Stil und wurde von William Leeson geplant. Besonders malerisch ist die von Bäumen gesäumte

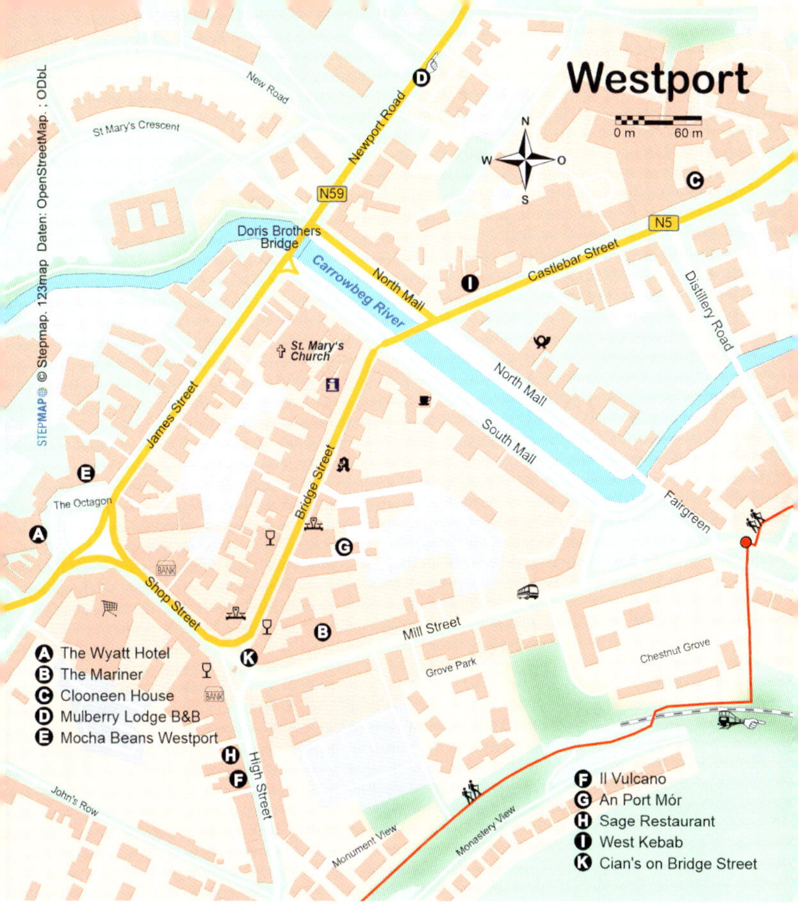

Promenade der Mall, die sich zu beiden Seiten des Carrowbeg River erstreckt. Seit dem späten 20. Jh. hat sich Westport durch Zuzüge aus den umliegenden Dörfern stark vergrößert und ganze Stadtteile wie Horkans Hill oder Knockranny wurden neu errichtet.

Westport ist eines der Haupttouristenziele im County Mayo. Die Nähe zu Connemara, Achill Island und dem Croagh Patrick, dazu seine Strände und die vielfältige Restaurant- und Pubszene machen es zu einem perfekten Ausgangspunkt, um die umliegende Region zu erkunden.

7. Etappe: Westport – Newport

13,4 km, 3 Std. 30 Min., 133 m, 135 m, 5-59 m

0,0 km	14 m	Westport (Cathair na Mart) B&B BANK
8,9 km	9 m	Rossow River Bridge
13,4 km	14 m	Newport (Baile Uí Fiacháin) B&B

Die 7. Etappe ist eine klassische Übergangsetappe von Westport nach Newport. Sie verläuft ohne größere Highlights und etwas eintönig über den Great Western Greenway in unmittelbarer Nähe zur N59 in Richtung Norden.

Die Etappe startet an der großen Kreuzung Mill Street/Distillery Road gegenüber der Top-Tankstelle. Sie laufen geradeaus über die Kreuzung in die Distillery Road und biegen dann gleich rechts in die Mill Road ab. Nach etwa 150 m verlassen Sie die Straße wieder nach rechts auf einen asphaltierten Fuß- und Radweg (geradeaus: „Private No Entry"). Der Weg trifft auf eine lange Brücke, auf die Sie nach links abbiegen.

Irland wie aus dem Bilderbuch kurz hinter Westport

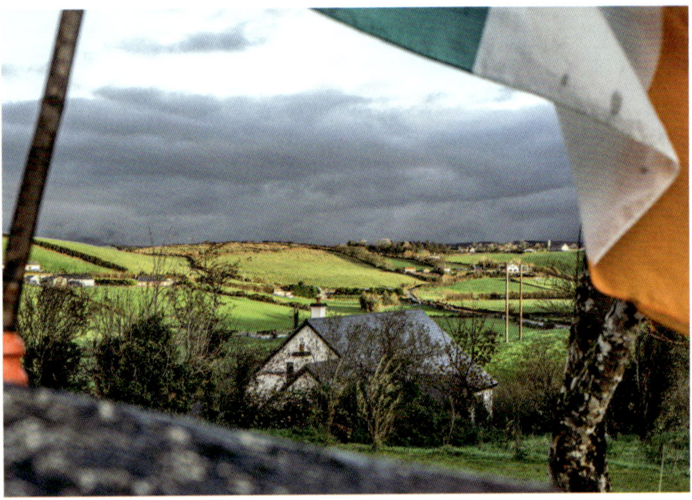

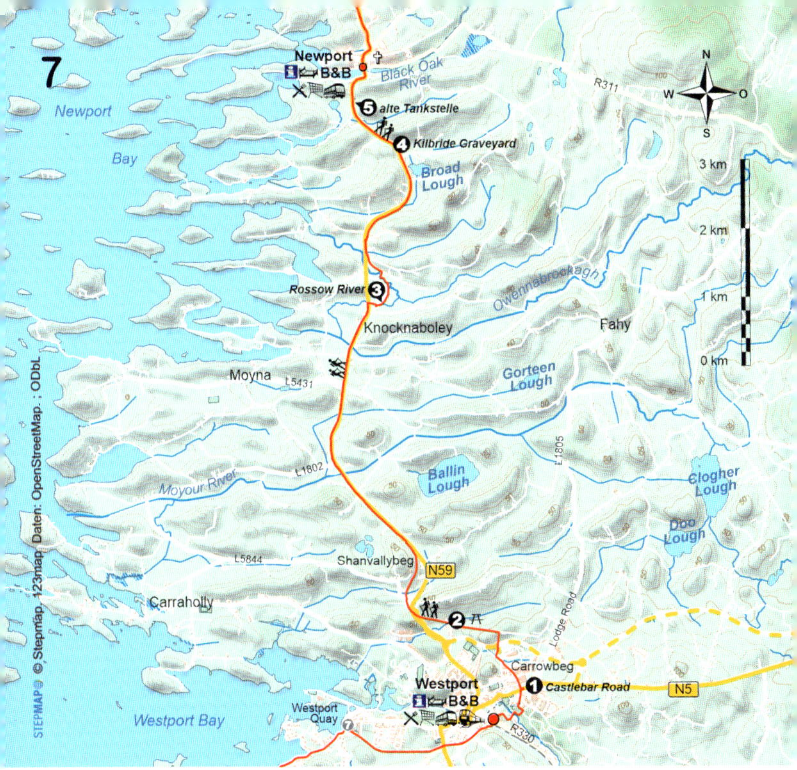

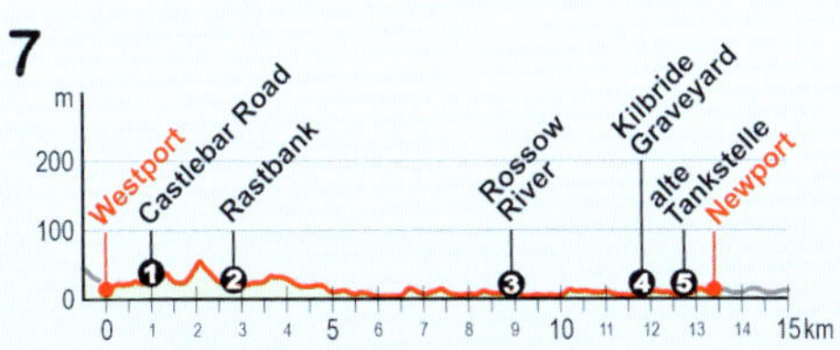

Anschließend führt der Weg um einen Sportplatz herum und teilt sich. Sie halten sich links und bei einer erneuten Gabelung kurz darauf wieder links. Anschließend führt eine Unterführung unter einer Straße hindurch und Sie erreichen die N59 (Castlebar Road), die Sie etwas weiter rechts an einer Fußgängerampel überqueren können ❶.

Nach der Ampel biegen Sie rechts in die Carrowbeg Estate ein und folgen der Straße etwa 500 m. Rechter Hand liegt das große Firmengelände von Allergan Pharmaceuticals, einem großen Pharmaunternehmen, das im Mai 2020 vom amerikanischen Pharmakonzern AbbVie übernommen wurde. Kurz vor einem Kreisel biegen Sie wieder nach links auf den asphaltierten Fuß- und Radweg ab.

In dem Bereich wird gerade eine Umgehungsstraße (Stand 2022) gebaut. Es kann also gut sein, dass sich der Wegverlauf wieder ändert.

Der Weg führt nun rasch aus der Stadt, steigt ein Stück bergan und biegt schließlich an einer T-Kreuzung mit zwei Rastbänken links auf einen Querweg ab. Sie verlieren wieder etwas an Höhe und erreichen ein paar Häuser. Hier halten Sie sich erst leicht rechts und nach einer liebevoll gestalteten Rastbank ❷ biegen Sie halb links ab und durchschreiten ein Holztor.

Achtung! Der Weg geradeaus führt auf ein privates Grundstück!

Nach dem Holztor gibt es auch mal wieder eine Markierung des Western Way. Sie folgen nun dem Great Western Greenway auf der alten Bahntrasse, die ursprünglich von Westport nach Newport und dann weiter nach Achill führte. Nach 400 m unterqueren Sie die N59. Anschließend wandern Sie durch eine schattige, von zwei hohen Dämmen begrenzte Senke, bis Sie bei Shanvallybeg wieder die N59 erreichen und der Great Western Greenway nun immer parallel zur Nationalstraße in Richtung Newport führt. Sporadische Markierungen zeigen immer wieder an, dass Sie noch auf dem richtigen Weg sind, wobei die Wegführung auf diesem Abschnitt auch keinen großen Grund zur Diskussion gibt.

Kurz nach der kleinen Siedlung Knocknaboley führt eine Unterführung auf die andere Straßenseite. Danach passieren Sie die alte Hauptstraße und kommen zu einer blauen, wellenförmigen Brücke über den Rossow River ❸. Sie wandern durch eine idyllische Weidelandschaft und überqueren den Rossow River zum zweiten Mal – diesmal über eine weiße Bogenbrücke. Der Fuß- und Radweg windet sich noch etwa 300 m malerisch an dem kleinen Bach entlang und mündet dann in eine Zufahrtsstraße, der Sie nach links folgen. Sie bleiben jedoch nur kurz auf der Straße, dann zweigt der diesmal geschotterte Fuß- und Radweg auch schon wieder nach rechts ab.

Nach einer Kuppe folgt eine weitere Zufahrtsstraße, doch auch dieser Straße folgen Sie nur für wenige Meter, bevor der Great Western Greenway wieder direkt an der N59 entlangführt.

Der Weg ist nun sehr flach und etwas eintönig. Er führt am (leider aufgrund der Büsche nicht sichtbaren) Broad Lough und kurz darauf am Kilbride Graveyard ❹ vorbei. Nach einem lang gezogenen Rechtsbogen erreichen Sie die ersten Häuser von Newport bei der alten Tankstelle, die inzwischen ein alternatives Möbelgeschäft beherbergt ❺.

Mit einer weiteren langen Rechtskurve fällt die Hauptstraße zum Meer hin ab. Wenige Meter vom Wasser entfernt liegt der kleine, schön gestaltete Canon Killeen Park, der zu einer ausgedehnten Pause einlädt. Direkt dahinter führt die Hauptstraße über die Mündung des Black Oak River. Direkt dahinter liegt wiederum das beeindruckende Viadukt der stillgelegten Bahnstrecke zwischen Westport und Achill.

Auch wenn der Western Way eigentlich über die untere Brücke führt, so lohnt es sich, den Fluss auf dem ehemaligen Eisenbahnviadukt zu überqueren. Im Jahre 1892 wurde es im Rahmen der Verlängerung der Westport-Eisenbahn nach Achill Sound gebaut.

Erster Blick auf Newport

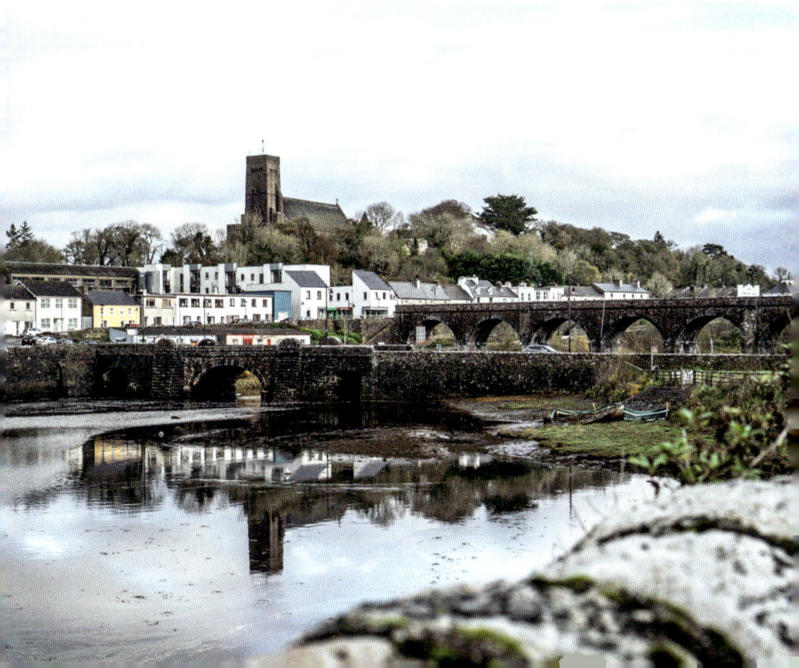

Die erste Station auf der Linie, Newport, wurde im Februar 1894 eröffnet und die komplette Strecke wurde im Mai des folgenden Jahres fertiggestellt.

Die Bahnstrecke war ein großer sozialer und wirtschaftlicher Fortschritt für West Mayo, dennoch erreichte die Auslastung nie das ursprünglich erwartete Niveau und die Entwicklung des Straßenverkehrs in den 1930er-Jahren besiegelte schließlich das Schicksal der Bahnstrecke. Durch die Eröffnung des Great Western Greenway, der ein Großteil der alten Bahntrasse als Rad- und Fußweg nutzt, wurde die Strecke vor wenigen Jahren zu neuem Leben erweckt.

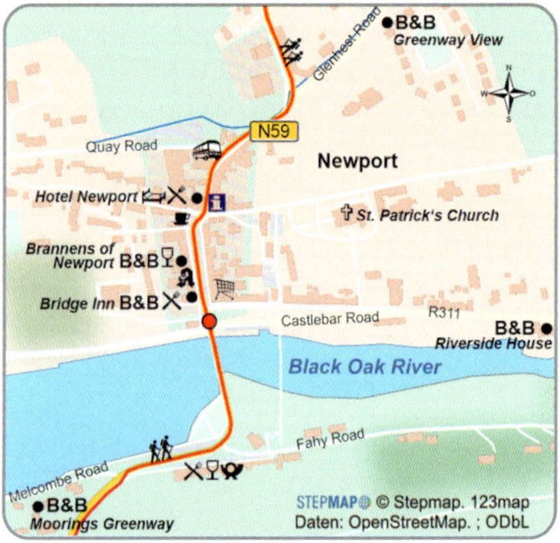

Newport ist etwas kleiner als Westport, bietet aber ebenfalls ein paar Pubs, mehrere Unterkunftsmöglichkeiten und einen kleinen Supermarkt.

Falls Sie keinen Einkauf in Westport gemacht haben, sollten Sie hier unbedingt Ihre Vorräte auffüllen, denn in Newport befindet sich die letzte Möglichkeit für die kommenden fast 70 km bis Ballycastle.

Newport

B&B

Newport Information Office, George Street, Newport, Co. Mayo, 098/418 95, tourism@newportmayo.ie, www.newportmayo.ie, Mo-Fr 10:00-13:00, 14:00-17:00, Sa und So geschlossen

Hotel Newport, Main St, Newport, Co. Mayo, 098/412 34, info@hotelnewport.ie, www.hotelnewport.ie, direkt am Weg, 3 Sterne, Ü DZ ab € 109, , . Das Hotel verfügt über ein schönes Restaurant, in dem moderne irische Küche serviert wird. Es gibt Muscheln, Burger, Steaks, vegetarische Rigatoni und Fischgerichte, Öffnungszeiten bitte telefonisch erfragen.

B&B Bridge Inn, Main St, Newport, Co. Mayo, 098/415 24, www.walsh.tripcombined.com, direkt am Weg, ÜF DZ ab € 99, Mo-Fr 16:30-23:00, Sa 12:00-23:00, So 12:00-19:00

B&B 🍷 Brannens of Newport, Castlebar Rd, Knockaveely Glebe, Newport, Co. Mayo, ☎ 087/777 32 30, ✉ brannensofnewport@gmail.com, 💻 www.brannensofnewport.com, direkt am Weg, ÜF DZ ab € 95, . Brannens Bar ist ein 1951 eröffneter Pub mitten in Newport. Freitags gibt es meist Livemusik, 🚪 Mo-Do 16:00-23:00, Fr-So 13:00-23:00.

B&B Greenway View B&B, 5 Rosmore, Barrackhill, Newport, Co. Mayo, ☎ 098/410 06, 💻 www.greenway-view.business.site, 250 m vom Weg entfernt, Ü DZ ab € 75

♦ Riverside House, Main St, Newport, Co. Mayo, ☎ 087/639 17 77, ✉ riversidehousenewport@gmail.com, 💻 www.riversidehousenewport.com, 450 m vom Weg entfernt, ÜF DZ ab € 121

♦ Moorings Greenway, 4 Sandymount Quay, Carrowbaun, Newport, Co. Mayo, ☎ 087/237 72 72, 100 m vom Weg entfernt, Ü DZ ab € 76

🍴 The Port Chipper, Meddlicott St, Carrowbaun, Newport, Co. Mayo, ☎ 098/414 35, 🚪 Di-Sa 16:30-22:00, So 16:30-21:30, Mo geschlossen, Burger und Pizza, günstig

🍴 🍷 Grainne Uaile, Medlicott St, Newport, Co. Mayo, ☎ 098/417 76, 💻 www.grainneuailenewport.ie, 🚪 Mo und Di 13:00-21:00, Do-So 13:00-21:00, Mi geschlossen, ausgezeichneter Pub mit tollem irischem Essen und leckerem Bier. Teilweise gibt es Livemusik.

☕ Kelly's Kitchen, Main St, Newport, Co. Mayo, ☎ 098/416 47, ✉ info@kellyskirchen.ie, 💻 www.kellyskitchen.ie, 🚪 Mo-Sa 9:00-18:00, So geschlossen, sehr schönes Café mit Frühstück, ein paar Hauptgerichten und vor allem vielen süßen Leckereien

🛒 Centra Newport, Main St, Newport, Co. Mayo, ☎ 098/413 24, 🚪 Mo-Sa 07:30-21:00, So 8:00-20:00

A Newport Mayo Pharmacy, Main Street, Newport, Co. Mayo, ☎ 098/415 77, 💻 www.newportmayopharmacy.ie, 🚪 Mo-Sa 9:30-18:00, So geschlossen

📯 An Post Newport, Carrowbaun, Co. Mayo, ☎ 098/413 88, 🚪 Mo-Fr 9:00-17:30, Sa 9:00-13:00, So geschlossen

🚌 Im Ortszentrum an der Ecke Quay Road (Chambers) gibt es eine Bushaltestelle. Hier verkehrt die Bus-Éireann-Linie 450 zwischen Dooagh und Louisburgh (via Westport) sechsmal am Tag.

Die ehemals Ballyveaghan genannte Kleinstadt, in der 626 Menschen leben, liegt an der Clew Bay im Westen Irlands im County Mayo. Der Black Oak River fließt vom großen Beltra Lough kommend direkt durch das Ortszentrum in die Clew Bay. Erst im 18. Jh. wurde die Kleinstadt von der Medlycott Familie gegründet. Die Sehenswürdigkeiten von Newport sind das große Eisenbahnviadukt über den Black Oak River und die St. Patrick's Church, die 1914 im neuromanischen Baustil errichtet wurde. Newport ist heutzutage ein beliebtes Angel- und Touristenzentrum.

8. Etappe: Newport – Altnabrocky Shelter

21,8 km, 6 Std., 510 m, 365 m, 7-152 m

0,0 km	14 m	Newport (Baile Uí Fiacháin) B&B
4,3 km	19 m	Yellow River Bridge
13,3 km	29 m	Brogan Carroll Bothy
14,5 km	58 m	Zeltplatz an der Altacooney River Bridge
17,0 km	118 m	Notunterstand
21,8 km	152 m	Altnabrocky Shelter

Auf der 8. Etappe tauchen Sie endgültig in den abgelegenen Nordwesten Irlands ein. Ein kurzes Stück folgen Sie noch der N59, dann lassen Sie auf einer ruhigen Nebenstraße die Ausläufer Newports hinter sich und wandern auf die nördlich gelegene Nephin Beg Range zu. Nach etwa 12 km des Weges tauchen Sie in den großen Letterkeen Forest ein, der teilweise zum Wild-Nephin-Nationalpark gehört.

Sie bleiben auf der Hauptstraße von Newport, wandern rechts am Newport Hotel und später an der Circle-K-Tankstelle vorbei. Nach etwa 900 m führt links der Great Western Greenway als separater Rad- und Fußweg parallel zur Straße und Sie können ihm 400 m folgen, bevor Sie wieder die Hauptstraße erreichen. Ein paar Meter vor der Einmündung zweigt der Nephin Drive von der Hauptstraße ab. Laufen Sie die wenigen Meter zurück und biegen Sie dann in den besagten Nephin Drive ❶ ein. Hier beginnt auch der ebenfalls ausgeschilderte Bangor Trail, der nun bis zur Brogan Carroll Bothy gemeinsam mit dem Western Way verläuft.

Bangor Trail

Der Bangor Trail ist ein fast 38 km langer, grün markierter Wanderweg, der von Newport nach Bangor Erris führt. Der Weg verläuft durch die abgelegenste Region der irischen Insel und gehört zu den anspruchsvollsten hiesigen Routen. Der heutige Wanderweg folgt einem uralten Hirtenpfad, dessen Ursprung vermutlich bis in die Eisenzeit zurückreicht. Entlang der Route gibt es immer wieder Ruinen und Spuren menschlicher Siedlungen, die allerdings alle während der Großen Hungersnot in der Mitte des 19. Jh. verlassen wurden.

Auf der asphaltierten Nebenstraße lassen Sie rasch die letzten Häuser von Newport hinter sich und vor Ihnen tauchen bereits die ersten Hügel der Nephin Beg Range am Horizont auf.

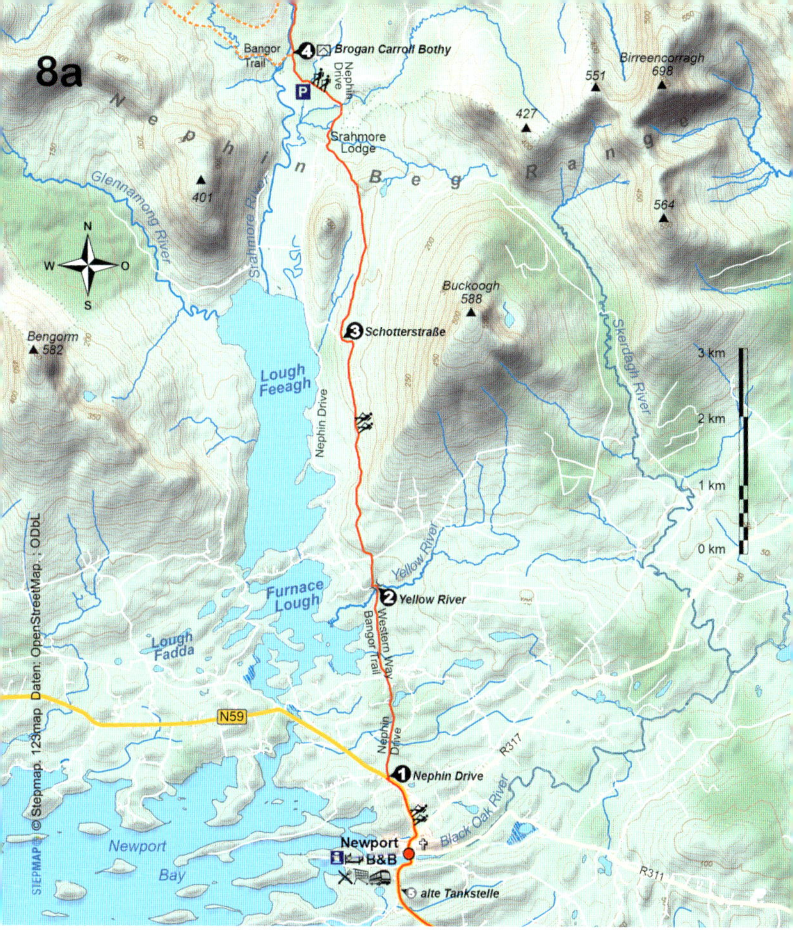
8a
Bangor Trail
4 Brogan Carroll Bothy
Nephin Drive
P
Srahmore Lodge
Nephin Beg Range
Birreencorragh
698
551
427
401
564
Glennamong River
Srahmore River
N
W
O
S
Buckoogh
588
Bengorm
582
3 Schotterstraße
Skerdagh River
Lough Feeagh
Nephin Drive
3 km
2 km
1 km
0 km
Yellow River
2 Yellow River
Furnace Lough
Lough Fadda
Bangor Trail
Western Way
N59
Nephin Drive
R317
1 Nephin Drive
Black Oak River
Newport
B&B
Newport Bay
R311
5 alte Tankstelle
STEPMAP © Stepmap, 123map Daten: OpenStreetMap ; ODbL

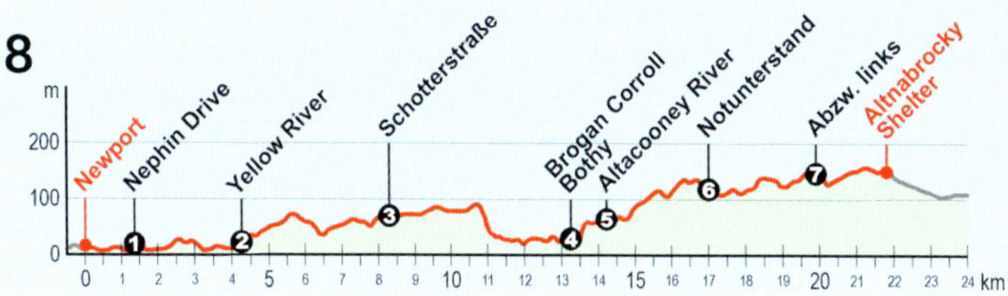
8
m
200
100
0
Newport
Nephin Drive
Yellow River
Schotterstraße
Brogan Corroll Bothy
Altacooney River
Notunterstand
Abzw. links
Altnabrocky Shelter
1
2
3
4
5
6
7
0
1
2
3
4
5
6
7
8
9
10
11
12
13
14
15
16
17
18
19
20
21
22
23
24 km

Sie wandern nun durch eine irische Bilderbuchlandschaft aus kleinen Wäldern, hügeligen, durch niedrige Steinwälle abgetrennte Weiden mit verstreuten Schafherden und einzelnen Farmhäusern, die hier und da einen kleinen Farbtupfer in die Landschaft zaubern. Auf Höhe des verwinkelten Furnace Lough wird die Landschaft langsam wieder karger und kurz darauf erreichen Sie die Brücke über den Yellow River ❷. 100 m nach der Brücke zweigt der Western Way nach rechts auf einen grasigen Pfad ab, der flankiert von uralten Steinmauern und einzelnen knorrigen Bäumen gerade durch ein sumpfiges Weidegebiet führt, bis er nach 600 m eine Kreuzung erreicht, die Sie geradeaus überschreiten, um auf einer etwas höher gelegenen Parallelstraße zum Nephin Drive weiter in Richtung der nördlich gelegenen Hügel zu wandern. Das Sträßchen steigt noch ein wenig an und führt dann im leichten Auf und Ab immer am Hang zwischen dem tiefer gelegenen Lough Feeagh und dem 588 m hohen Buckoogh entlang. Mehrmals haben Sie wunderschöne Ausblicke auf den großen See. Sein Name bedeutet „Waldsee" und zeugt von einer Zeit, als das gesamte Gebiet noch von den ursprünglichen Eichenurwäldern bedeckt war. Die Zeiten sind lange vorbei und viele Bäume wurden für den Bau der englischen Flotte abgeholzt. Dennoch gibt es noch ein paar Reste der ursprünglichen Traubeneichenwälder in der Nähe des Weges. Auch Lilien und andere seltene Pflanzen wachsen an den Ufern des Sees. Die Üppigkeit der Flora hat ihren Ursprung im mineralreichen Boden, den die abschmelzenden Gletscher am Ende der letzten Eiszeit in diesem Gebiet zurückließen.

Sie bleiben etwa 3,5 km auf der Nebenstraße, bis der Western Way kurz nach einer markanten Linkskurve nach rechts auf eine Schotterstraße abzweigt ❸, die bald zu einem schmalen, matschigen Pfad wird, der sich durch die Hügellandschaft windet. Sie befinden sich sogleich in sehr rauem, abgelegenem Gelände. Nach einer Weile fällt der Pfad steil in das breite Tal des Srahmore River ab und Sie erreichen wieder den Nephin Drive. Sie folgen der Straße nach rechts und nach einem Links-Rechts-Bogen passieren Sie die links der Straße liegende Srahmore Lodge, ein düsteres, im Verfall begriffenes Anwesen, das seine besten Jahre bereits hinter sich haben dürfte. Wobei zumindest das Grundstück in den letzten Jahren wieder mehr Pflege bekommen hat, wenn man es mit historischen Fotos vergleicht.

Sie folgen weiterhin der nun von wildem Rhododendron gesäumten Straße. Nach etwa 500 m verlassen Sie endgültig den Nephin Drive, indem Sie gemeinsam mit dem Western Way und dem Bangor Trail nach links in eine geschotterte Forststraße abbiegen. Willkommen im Letterkeen Forest. Der Letterkeen Forest ist eine der größten Forstplantagen in Irland. Die Hauptbaumarten sind die Küstenkiefer, die Japanische Lärche und die Sitka-Fichte. Die ersten Pflanzungen wurden im Jahr 1951 vorgenommen und inzwischen bedeckt der Wald eine Fläche von fast 5.000 ha.

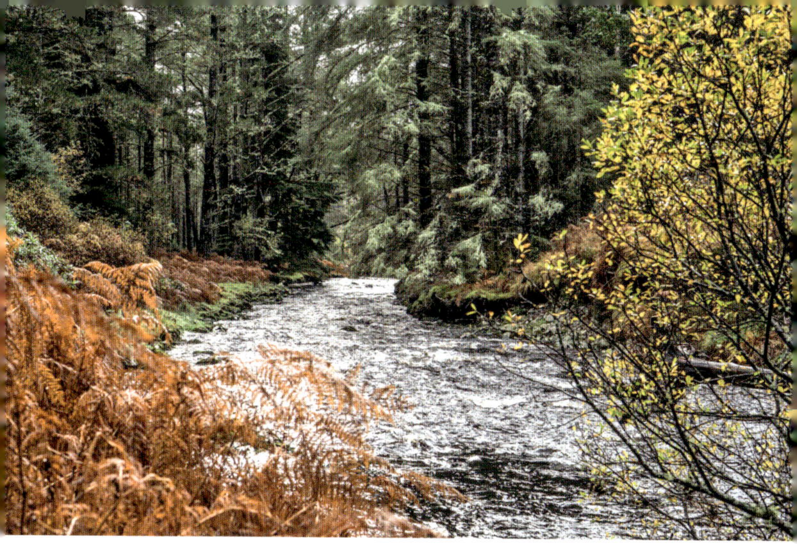

Altacooney River im Letterkeen Forest

Links liegt dichter Nadelwald und rechts ein weiteres undurchdringliches Gestrüpp aus Rhododendron – so geht es 600 m zu einem kleinen Schotterparkplatz, ab dem die weitere Forststraße für Pkw gesperrt ist. Sie überqueren einen kleinen Bach und folgen der Schotterstraße weiter geradeaus, bis Sie die Brogan Carroll Bothy auf einer großen Lichtung erreichen ❹.

Falls Sie hier eine gemütliche Schutzhütte erwarten, werden Sie allerdings enttäuscht sein. Der Steinbau ist von innen genauso karg wie von außen, ohne Tische oder Stühle und bei starkem Regen werden Sie auch in der Hütte nicht ganz trocken bleiben. Die umliegende Lichtung am Altacooney River ist dafür umso idyllischer und die zahlreichen Bänke und Tische eignen sich perfekt für eine ausgedehnte Pause.

Der Western Way und der Bangor Trail gehen ab der Brogan Carroll Bothy getrennte Wege. Theoretisch ist es auch möglich, den nun noch 25,8 km langen Bangor Trail bis Bangor Erris zu wandern und dort zu übernachten. Am folgenden Tag geht es dann 8,8 km an der N59 entlang bis nach Tawnaghmore (Ballymonnelly Bridge), wo Sie wieder auf den Western Way treffen. Darüber hinaus gibt es drei kleinere Rundtouren, die an der Bothy starten: Bothy Loop (6 km, ca. 1 Std. 30 Min.), Lough Aroher Loop (10 km, ca. 2 Std. 30 Min.) und der große Letterkeen Loop (12 km, ca. 3 Std.)

Wild-Nephin-Nationalpark

Der Wild-Nephin-Nationalpark ist einer von sechs irischen Nationalparks und befindet sich im Nordwesten der Grafschaft Mayo. Das Gebiet umfasst einen Großteil des bis zu 721 m hohen Gebirgszugs der Nephin Beg Range und ist eines der größten Torfmoore Europas. Vielen Tieren und vor allem seltenen Pflanzen bietet der Nationalpark eine ökologische Nische. Der Owenduff River ist beispielsweise der einzige Fluss Westeuropas, der in einem nahezu intakten und umfangreichen Sumpfsystem ins Meer mündet. Er ist ein wichtiger Rast-, Nahrungs- und Brutplatz für eine ganze Reihe von Zugvogelarten. Auch Otter, Schneehasen und Moorschneehühner leben im Nationalpark.

1998 wurde das Gebiet als Ballycroy Nationalpark unter Schutz gestellt. 20 Jahre später wurden 4.000 ha an Nadelwald hinzugefügt, die bisher von der irischen Forstbehörde kontrolliert und intensiv forstwirtschaftlich genutzt wurden. Das Gebiet wird nun vom National Park and Wildlife Service verwaltet, mit dem Ziel, es wieder zu verwildern und somit das erste Wildnisgebiet Irlands zu schaffen (Wild Nephin Wilderness Area). Auch die breiten Forstwege sollen wieder zuwachsen und zu Pfaden werden. Zurzeit sind große Teile des Gebiets noch immer Nadelholzplantagen – aber was nicht ist, kann ja noch werden.

Das 700 m² große Besucherzentrum des Nationalparks liegt in der Kleinstadt Ballycroy an der N59. Es ist während der Sommersaison täglich geöffnet.

Sie verlassen die Lichtung über die Forststraße, die an der Bothy vorbeiführt und biegen an der folgenden T-Kreuzung nach links ab. Sie wandern nun noch ein Stück durch junge Aufforstungen am Altacooney River entlang, dann tauchen Sie in einen dichten, düsteren Nadelwald ein. Der Boden und die Baumstämme sind vollkommen von dichten Moosteppichen bedeckt. Von den Ästen hängen riesige, graugrüne Flechten und zwischen den Bäumen rauscht der nahe, von Adlerfarn eingerahmte Fluss dahin. Nach 1 km führt eine massive Brücke über den Altacooney River ❺. Etwa 300 m weiter liegt eine große Wiese direkt am Fluss. ⛺ Dies ist einer der vier offiziellen Wildcampingplätze in der Wild Nephin Wilderness Area.

✋ ⛺ Sollten Sie hier campen wollen, dann registrieren Sie sich bitte im Vorfeld unter 💻 www.campingwildnephin.com und informieren Sie sich über den Campingcode! Im Sommer gibt es an den Eingängen zur Wild Nephin Wilderness Area Schilder, die über die aktuelle Waldbrandgefahr informieren. Es gibt vier Stufen: grün, gelb, orange und rot. Bei Orange und Rot ist das Campen im Wildnisgebiet verboten!

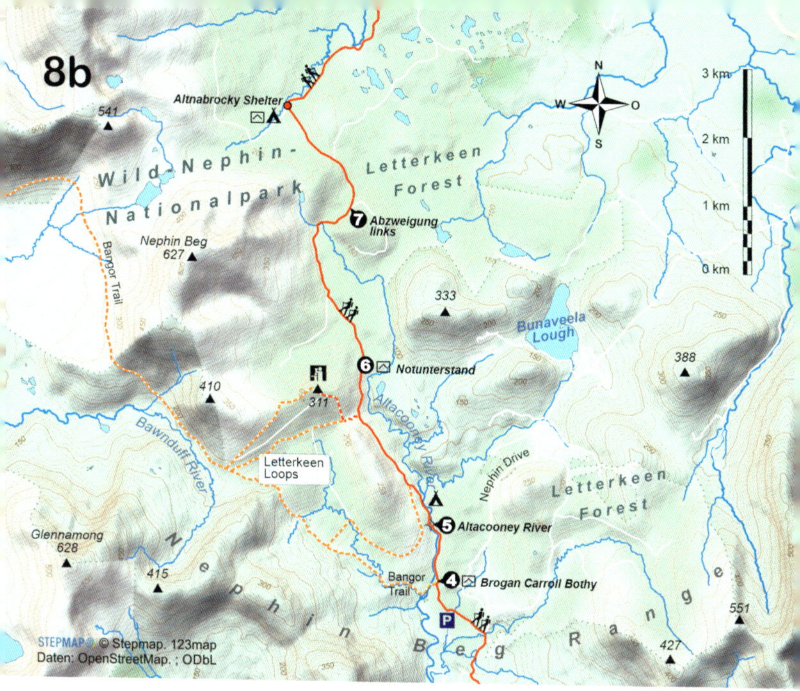

Nach der Brücke steigt die Forststraße wieder etwas an und Sie verlassen den dichten Wald. Vor allem auf der rechten Seite liegen nun wieder große Rodungsgebiete, die weite Ausblicke über die umliegende Landschaft ermöglichen. Nach 2 km erreichen Sie eine markierte Abzweigung.

↳ Wenn Sie möchten, können Sie hier einen kurzen Abstecher auf einen kleinen Aussichtshügel einlegen. Die Tour ist Teil des Letterkeen Loops. Dazu biegen Sie links vom Hauptweg ab und folgen dem steinigen Pfad 250 m den Hang empor. Auf einer Höhe von 175 m zweigt ein sumpfiger Pfad rechts ab und führt nochmals steil und extrem matschig durch den dichten Nadelwald bergan. Sie lassen schließlich den Wald hinter sich und nun leiten Stelen über das freie Gelände zum höchsten Punkt. Der namenlose Hügel ist lediglich 311 m hoch, bietet aber eine grandiose Aussicht auf den 627 m hohen Nephin Beg im Norden und vor allem auf die weite Landschaft im Süden und im Nordosten. Zurück geht es auf dem gleichen Weg. Für den 2 km langen Abstecher müssen Sie etwa 1 Std. einplanen.

750 m nach der Abzweigung taucht links eine alte Schutzhütte auf ❻.

⛺ Von außen sieht das karge Gemäuer nicht gerade einladend aus und ein Blick durch die Tür bestätigt die Vermutung: von innen schaut sie auch nicht besser aus – leider ist der Boden völlig zugemüllt. Es ist immer wieder unverständlich, wie sich Leute verhalten, von denen man doch eigentlich annehmen sollte, dass sie die Umwelt zu schätzen wissen.

Sie folgen der Forststraße weiterhin durch das große Waldgebiet des Letterkeen Forest. Wobei man sich die Region nicht als zusammenhängenden Wald vorstellen darf, wie man es aus Mitteleuropa kennt. Mal wandern Sie durch unglaublich dichten, in faszinierender Weise völlig moosigen Wald, dann befinden Sie sich wieder in einer der riesigen Rodungen. Irgendwann erreichen Sie eine etwas größere Abzweigung, an der Sie sich links halten ❼. Sie folgen der Forststraße nun noch etwa 2 km durch den wieder dichteren Wald, dann können Sie links auf eine weitere, etwas kleinere Forststraße abbiegen, die in 220 m zum Altnabrocky Shelter führt (der Western Way bleibt auf dem Hauptweg).

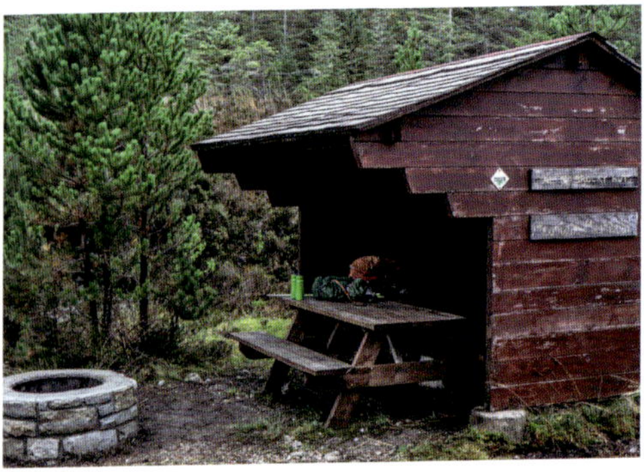

Altnabrocky Shelter

⛺ Den Altnabrocky Shelter eine Schutzhütte zu nennen, wäre zu viel gesagt, denn er ist nach vorne hin offen. Aber hier haben Sie immerhin ein Dach über dem Kopf, es gibt einen Tisch, eine betonierte Feuerstelle und wenige Meter unterhalb des Unterstands liegt ein kleiner Bach, an dem Sie Wasser holen können. Alles in allem handelt es sich also um ein nettes Fleckchen in der regenreichen irischen Wildnis.

☹ ⛺ Unter Beachtung des Campingcodes wäre es auch möglich, hier zu zelten, allerdings ist das gar nicht so einfach, da der Boden rund um den Unterstand sehr unebenen und sumpfig ist. Sollte der Unterstand bereits belegt sein, heißt es also vermutlich eher zusammenrücken.

9. Etappe: Altnabrocky Shelter – Sheskin Forest Old Houses

23,7 km, 6 Std. 30 Min., ↑ 438 m, ↓ 471 m, ⇧ 50-152 m

0,0 km	⇧ 152 m	Altnabrocky Shelter
4,0 km	⇧ 97 m	Lough Duff
8,6 km	⇧ 52 m	R312
12,7 km	⇧ 81 m	Bellacorick (Béal Átha Chomhraic)
16,1 km	⇧ 62 m	Ballymonnelly Bridge (Tawnaghmore)
20,9 km	⇧ 112 m	Sheskin Lodge (Ruine)
23,7 km	⇧ 126 m	Sheskin Forest Old Houses (Ruinen)

Die 9. Etappe ist die längste des Western Way und gehört auch zu den Etappen mit den meisten Höhenmetern. Dementsprechend viel Zeit sollten Sie für den Weg einplanen. Ausgehend vom einsamen Altnabrocky Shelter durchwandern Sie die letzten Kilometer des Letterkeen Forest, bevor Sie ein großes ödes Sumpfgebiet erreichen. Der Abschnitt rund um die etwas trostlose Siedlung Bellacorick ist nicht sonderlich schön, laufen Sie hier doch direkt auf der viel befahrenen Nationalstraße. Später tauchen Sie in den Sheskin Forest ein, das zweite große Waldgebiet auf dem Western Way. Dies ist auch die einzige Etappe, auf der Sie zwangsläufig zelten müssen.

Zurück an der gestrigen T-Kreuzung halten sich nun geradeaus auf der matschigen Forststraße, die in leichtem Auf und Ab weiterhin durch den Wald führt. Nach 1 km erreichen Sie eine Freifläche mit mehreren kleinen Seen und Tümpeln Bei einer größeren Abzweigung wandern Sie geradeaus weiter und schließlich erreichen Sie den Lough Duff, einen kleinen See, der auf der rechten Seite der Forststraße liegt ❶. Vom See aus ist es lediglich noch 1 km bis zum Waldrand. Der Kontrast könnte nicht größer sein. Sind Sie eben noch stundenlang durch den dichten Nadelwald gelaufen, so erstreckt sich vor Ihnen nun ein karges und völlig von Bäumen freies Moorgebiet, so weit das Auge reicht ❷.

Das Moorland, über das Sie nun blicken, ist reich an kleinen Seen und Tümpeln. An den Rändern der Seen wächst Fieberklee während die Krickente, die kleinste Ente der irischen Insel, die ruhigen Tümpel zum Brüten bevorzugt. Gerade verlaufende, niedrige Böschungen zeugen von früherem Torfabbau und 1947, im Jahr des großen Schnees, starben zwei Männer in der Region, als sie sich im Schneesturm verirrten und nicht mehr zu ihren Häusern zurückfanden.

Sie biegen nun nach rechts auf die geschotterte Nebenstraße ab, die noch ein Stück am Waldrand entlangführt, um dann den Wald endgültig hinter sich zu lassen. Nach 3 km durch das Moor erreichen Sie einen Hof und kurz darauf mündet die Schotterstraße in eine asphaltierte Nebenstraße, auf die Sie nach links abbiegen. Sie folgen der Straße etwa 700 m durch Farmland und Moor und erreichen danach die Regionalstraße 312, auf die Sie wieder nach links abbiegen ❸. Die Straße führt ebenfalls noch ein kurzes Stück durch Farmland und dann wieder durch das große Moor auf die N59 zu. Im Jahr 2021 wurde an der Kreuzung gerade fleißig gebaut, was die Wegführung aber nicht weiter beeinträchtigen dürfte. Sie wandern geradeaus und folgen der N59 nun in Richtung Bangor.

Das folgende Wegstück bis zur Ballymonnelly Bridge gehört zu den wenigen wirklich unschönen Abschnitten des Western Way. Die Nationalstraße ist für irische Verhältnisse stark befahren. Aufgrund der Bauarbeiten an der Bellacorick Wind Farm gibt es auch noch viel Lkw-Verkehr und einen Seitenstreifen sucht man vergeblich. Passen Sie also gut auf und laufen Sie auf der linken Seite der Straße!

☺ Sie können natürlich auch versuchen, bis zur Ballymonnelly Bridge zu trampen. Die irische Bevölkerung ist diesbezüglich meist sehr offen und hilfsbereit.

Nach 900 m erreichen Sie die Bellacorick Bridge ❹ über den Owenmore River und danach die wenigen, teils verlassenen Häuser der recht trostlosen Siedlung. Das war nicht immer so, denn Bellacorick war einst Standort eines großen Torfkraftwerks. Hunderte von Arbeitern aus den umliegenden Dörfern und Städten fanden hier eine Beschäftigung. Bis vor einigen Jahren gab es noch das Carolans Musical Bridge Inn an der Hauptstraße, doch auch das ist inzwischen leider geschlossen. Wenigstens gibt es aber auf dem Weg durch den Ort einen Bürgersteig.

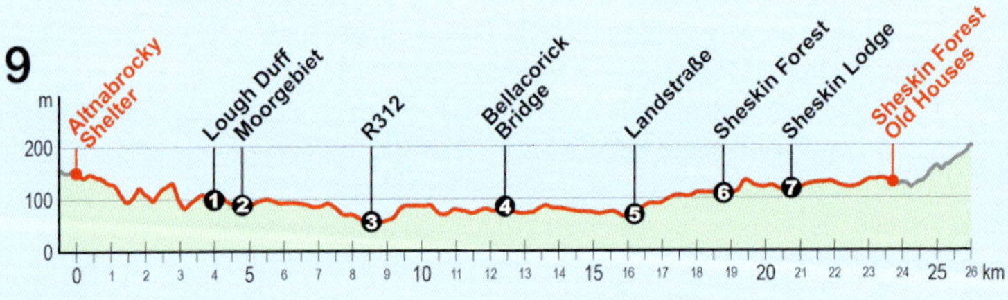

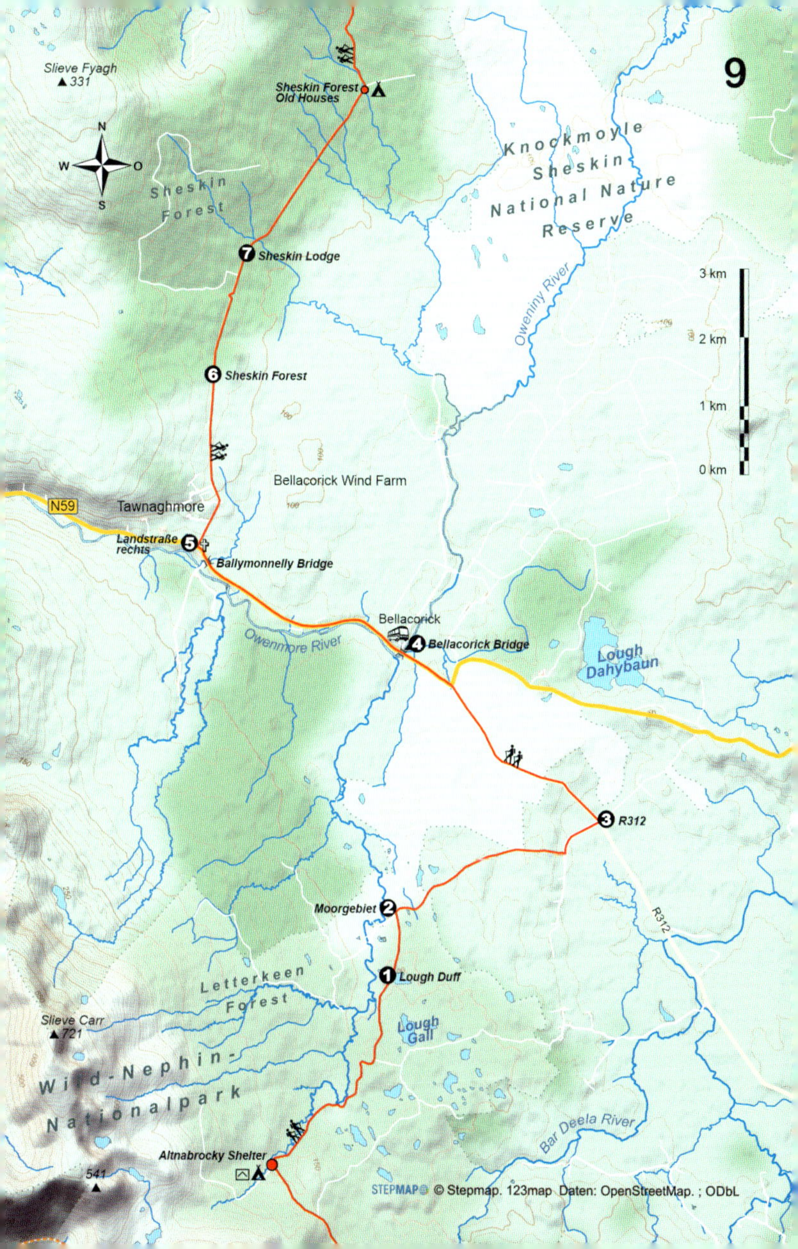
9
Slieve Fyagh
▲331
Sheskin Forest Old Houses
N
W
O
S
Sheskin Forest
Knockmoyle Sheskin National Nature Reserve
7 Sheskin Lodge
Oweniny River
3 km
2 km
1 km
0 km
6 Sheskin Forest
Bellacorick Wind Farm
N59
Tawnaghmore
Landstraße rechts
5
Ballymonnelly Bridge
Bellacorick
4 Bellacorick Bridge
Owenmore River
Lough Dahybaun
3 R312
R312
Moorgebiet
2
1 Lough Duff
Letterkeen Forest
Lough Gall
Slieve Carr
▲721
Wild-Nephin-Nationalpark
Bar Deela River
Altnabrocky Shelter
541
▲
STEPMAP © Stepmap. 123map Daten: OpenStreetMap. ; ODbL

☺ Der Name des ehemaligen Pubs geht auf die Bellacorick Bridge aka „Musical Bridge" zurück. Wenn Sie während des Laufens einen großen Stein an der Brüstung entlangziehen, hört es sich ein bisschen wie das Spielen auf einem Xylofon an. Auf Youtube gibt es einige Videos dazu.

Bellacorick

In Bellacorick gibt es eine Bushaltestelle an der Brücke über den Owenmore River. Hier verkehrt die Bus-Éireann-Linie 446 zwischen Ballina und Blackod. Der Bus hält viermal täglich (8:20, 12:16, 16:30, 21:20) und kann Sie zum Startpunkt der 13. Etappe in Ballina (9:01, 12:57, 17:11, 22:01) bringen.

Rasch lassen Sie den Ort wieder hinter sich und wandern oberhalb des Owenmore River noch etwa 3,2 km an der Hauptstraße entlang Richtung Westen. Rechts tauchen die ersten Turbinen der Bellacorick Wind Farm auf. Statt des Torfkraftwerks erzeugen sie nun den heiß begehrten Strom. Wie Fremdkörper stehen die riesigen Windräder in der sonst so flachen Landschaft – kein schöner Anblick. Aber immerhin wird so das Moor vor weiterem Torfabbau bewahrt.

Kurz nach der Ballymonnelly Bridge können Sie rechts auf eine kleine Landstraße, die L52926, abbiegen ❺. Die wenigen Häuser von Tawnaghmore lassen Sie buchstäblich links liegen, dann endet der Asphalt und Sie haben wieder knirschenden Schotter unter den Sohlen. Sie folgen nun der Schotterstraße fast schnurgerade bis zum Beginn des Sheskin Forest ❻. Rechts liegt das riesige Windparkgebiet von Bellacorick, das im Zuge von Klimawandel und Energiekrise derzeit stark ausgebaut wird.

Es gibt Planungen, im Sheskin Forest, unter anderem ziemlich genau am Endpunkt der 9. Etappe, einen kleinen Windpark aus acht Turbinen zu errichten. Die Forststraße ist dafür teilweise bereits ausgebaut worden und es ist aktuell (Stand 2021) nicht wirklich absehbar, inwieweit das den Verlauf des Western Way in diesem Gebiet beeinflussen wird. Am besten Sie informieren sich im Vorfeld der Wanderung noch einmal gezielt über den Abschnitt zwischen Bellacorick und Ballycastle.

Auf der leider nun durch den Ausbau sehr breiten Forststraße geht es durch den dichten Nadelwald, der sich von hier aus etwa 20 km Luftlinie bis fast ans Meer bei Ballycastle erstreckt. Ein Großteil des Gebiets wurde erst in den 1980er-Jahren aufgeforstet. Die gesamte Region ist unbewohnt und nur von wenigen Schotterwegen erschlossen, was der Wanderung durchaus ein gewisses Wildnisgefühl gibt, zumal es der einzige Abschnitt auf dem Western Way ist, auf dem zwangsläufig gezeltet werden muss.

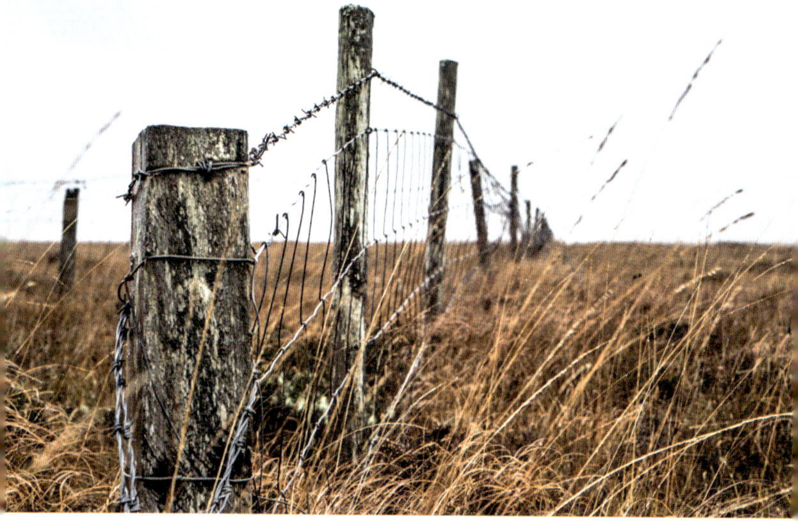

Zaun im großen Moorgebiet

Es gibt viele kleine Seen und Bäche, die nach Nordwesten ins Meer beziehungsweise nach Südosten ins Knockmoyle Sheskin National Nature Reserve entwässern. Bei dem Naturreservat handelt es sich um ein intaktes atlantisches Deckenmoor mit vielen kleinen Tümpeln. Aufgrund fehlender Beweidung verfügt es über eine äußerst reichhaltige Flora.

Nach etwa 2 km taucht links das völlig verwilderte Grundstück der Sheskin Lodge auf ❼. Die Familie McDonnell, die 1798 an der Seite der Franzosen von General Humbert kämpfte, erbaute das ursprüngliche Gebäude. Ende des 19. Jh. wurde die Lodge von der berühmten Whiskeydynastie Jameson erworben und aufwendig umgebaut. Sie diente hauptsächlich als Jagdstützpunkt, in den 1940er-Jahren wurden hier aber große Feiern mit bis zu 400 Gästen veranstaltet. Seit vielen Jahren ist der ehemals luxuriöse Jagdkomplex jedoch verlassen und längst im Verfall begriffen.

Sie wandern noch etwa 3 km über die fast schnurgerade Forststraße durch den Wald, bis deren aktueller Ausbauzustand (Stand 2021) an einem kleinen Bach endet. Links liegen einige alte Ruinen (Sheskin Forest Old Houses) und wenn Sie dem Bach ein paar Meter nach rechts folgen, kommen Sie zu einer guten ⛺ Zeltmöglichkeit auf einer kleinen Wiese.

10. Etappe: Sheskin Forest Old Houses – Ballycastle

22 km, 6 Std., ↑ 465 m, ↓ 579 m, ⇧ 7-263 m

0,0 km	⇧ 126 m	Sheskin Forest Old Houses (Ruinen)
2,4 km	⇧ 194 m	Aussichtspunkt
9,1 km	⇧ 115 m	Altderg (An tAllt Dearg)
22,0 km	⇧ 12 m	Ballycastle (Baile an Chaisil) B&B

Nach der langen gestrigen Etappe steht heute noch mal ein ähnlich langer Abschnitt auf dem Programm – die Etappe vom Sheskin Forest nach Ballycastle ist zwar etwas kürzer, hat dafür aber noch ein paar Höhenmeter mehr zu bieten. Abgesehen von dem kurzen Abschnitt bei Altderg und den letzten Kilometern nach Ballycastle verläuft die gesamte Etappe durch den einsamen, aber teilweise überraschend aussichtsreichen Sheskin Forest. In Ballycastle haben Sie den abgelegensten Abschnitt des Western Way gemeistert. Hier gibt es wieder Unterkunftsmöglichkeiten, Restaurants und einen kleinen Laden.

Bohlensteg im Sheskin Forest

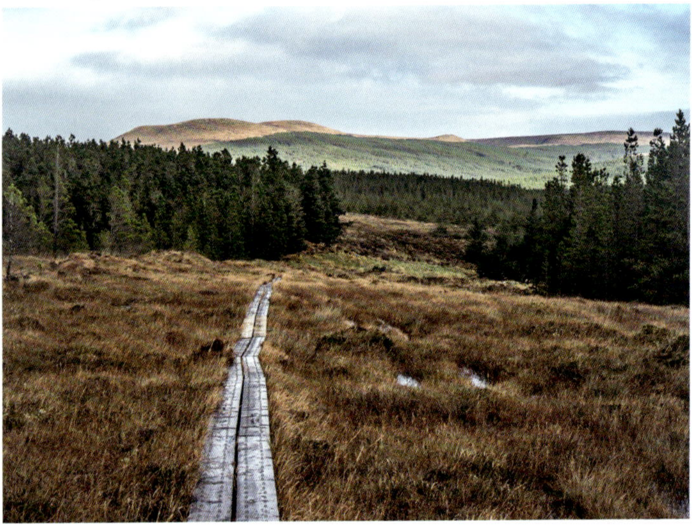

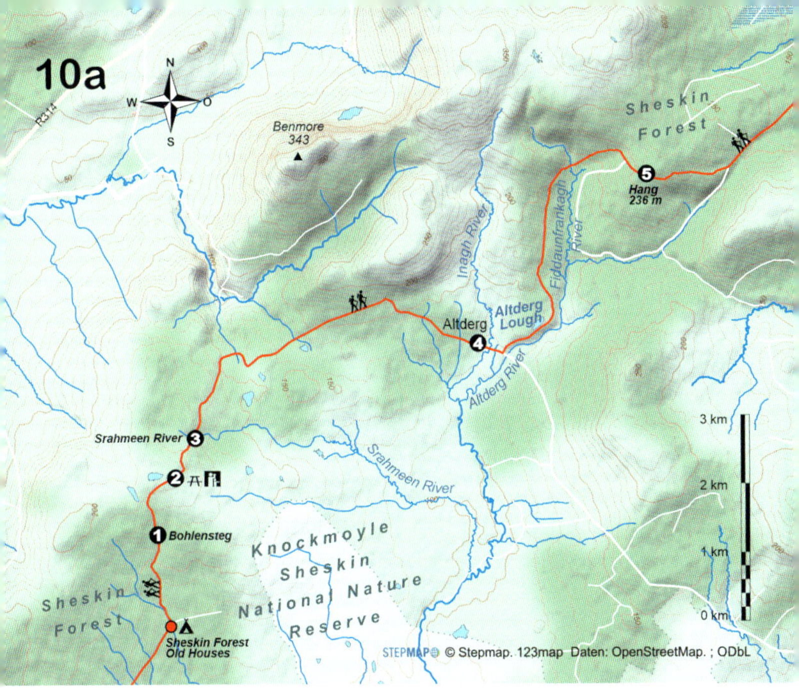

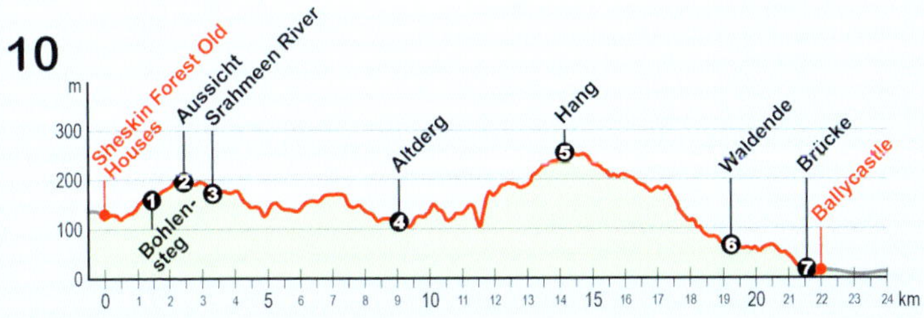

Direkt hinter dem Bach wird die Forststraße schmaler und gabelt sich. Sie halten sich links und folgen dem immer matschiger werdenden Weg noch etwa 1,5 km bis zu seinem Ende. Der Forstweg geht nun in einen Bohlensteg über ❶.

✋ Achtung! Vor allem bei Nässe ist der Bohlensteg trotz der eingeschlagenen Klammern extrem rutschig!

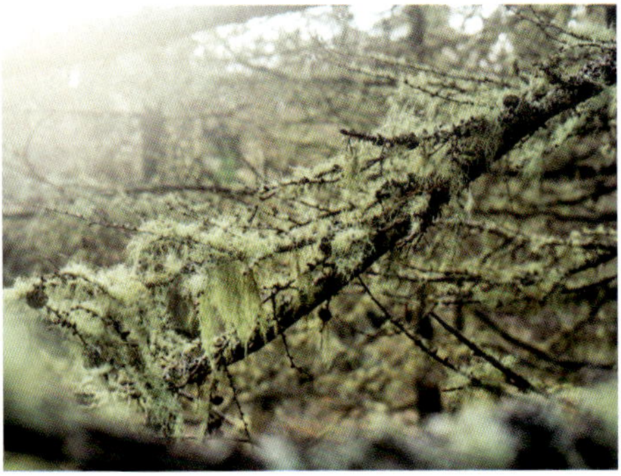

Nasser Wald im Sheskin Forest

Sie folgen dem hölzernen Steg entlang einer breiten Waldschneise. Der anfangs noch dichte Wald wird bald lichter und hört schließlich auf der rechten Seite des Weges ganz auf. Stattdessen erstreckt sich ein riesiges, flaches Moorgebiet, das kilometerweite Ausblicke ermöglicht. Noch ein kleines Stück weiter befindet sich eine von der Forstbehörde gestiftete Rastbank, die bei gutem Wetter wunderbar zum Verweilen einlädt ❷. Der Blick reicht von der leider nicht zu übersehenden Bellacorick Wind Farm über das flache Wald- und Moorland bis zu den Bergen der Nephin Beg Range am Horizont. In nordwestlicher Richtung erstreckt sich der menschenleere nördliche Teil des Sheskin Forest.

Der Steg führt noch ein kurzes Stück weiter entlang der Hochebene und wendet sich dann nach links, wieder in den Wald hinein, der jedoch weiterhin von großen Lichtungen geprägt ist. Bei ein paar alten Ruinen überqueren Sie den Srahmeen River ❸, einen kleinen Bergbach, der hier oben seine Quelle hat. Die Ruinen liegen strategisch günstig am Wasser, doch sind die Dächer und Fenster und mit ihnen jedes Leben längst verschwunden. Lediglich die robusten Steinmauern trotzen noch Wind und Wetter.

Sie folgen dem Western Way noch eine Weile über den Bohlensteg, dann mündet er wieder in eine abgelegene Forststraße, die sich nun durch die ruhigen Wälder windet. Nach insgesamt 8,9 km erreichen Sie den Waldrand des südlichen Teils des Sheskin Forest. Vor Ihnen liegt die kleine Siedlung von Altderg, die allerdings nicht mehr sonderlich bewohnt aussieht ❹. Sie passieren einen einsamen Hof, auf dem zumindest noch ein paar Schafe leben, und kurz darauf eine Brücke über den Inagh River. Kurz vor dem zweiten Fluss, dem Altderg River, zweigt links eine Forststraße in den nördlichen Teil des Sheskin Forest ab, der Sie nun immer am Waldrand entlang bergauf folgen. Wenige Meter links der Straße liegt der malerische Altderg Lough im dichten Nadelwald – ein kurzer Abstecher hierhin lohnt sich allemal. Nach etwas mehr als 3 km überqueren Sie den für mitteleuropäische Zungen nicht ganz so einfach auszusprechenden Fiddaunfrankagh River.

Vor allem rechts von Ihnen liegen nun große, noch eher niedrige Nadelwaldplantagen, die immer wieder schöne Ausblicke nach Osten und Süden ermöglichen. Bei einer T-Kreuzung wandern Sie geradeaus weiter und kurz darauf erreichen Sie zum zweiten Mal den höchsten Punkt des gesamten Western Way. Mit 263 m ist die Stelle am Hang ❺ des insgesamt 379 m hohen Maumakeogh genauso hoch wie der Maumeen Pass auf der zweiten Etappe – nur der Ausblick ist hier im Wald nicht ganz so spektakulär. Die Forststraße beginnt nun sanft, aber stetig abzufallen. Nach 2,7 km liegt rechts des Weges eine große Moorwiese und 1 km danach passieren Sie eine alte Grube. Leider wurden ab der Grube große Säcke mit Müll, Autoreifen und sonstiger, teilweise inzwischen undefinierbarer Abfall einfach rechts und links der Forststraße im Graben oder im Wald entsorgt. Es ist einfach nur traurig zu sehen, wie manche Menschen mit ihrer Umwelt umgehen. Rund um die Grube erstreckt sich eine lang gezogene Freifläche, durch die Sie eine Weile wandern, bevor Sie nochmals für ein paar Hundert Meter im dichten Nadelwald verschwinden. Bald treten Sie jedoch schon wieder aus dem Wald und lassen den Sheskin Forest endgültig hinter sich ❻.

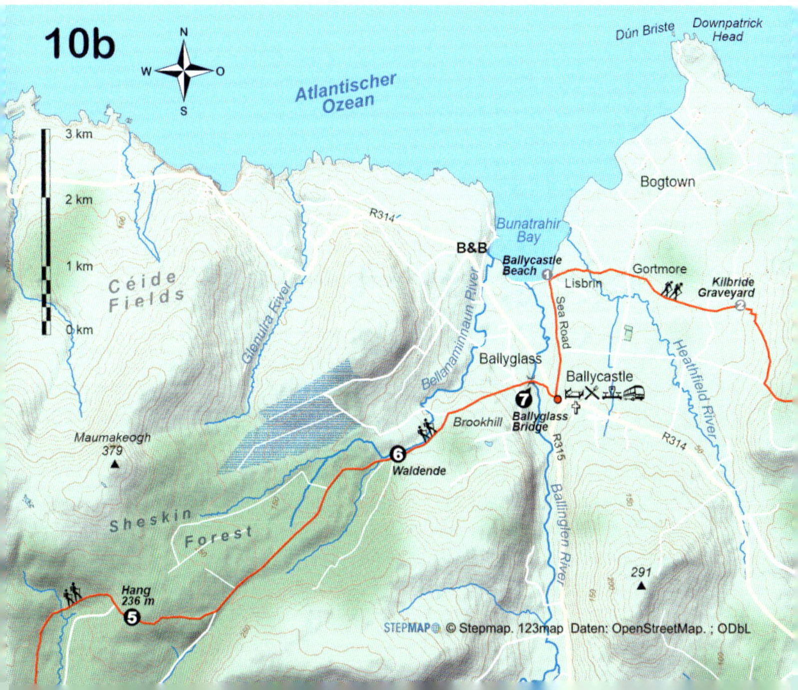

Sie wandern nun ein Stück parallel zum Bellanaminnaun River zwischen hohen, die Straße begrenzenden Hecken und Büschen dahin. Schließlich trifft die Schotterstraße auf eine asphaltierte Nebenstraße, auf die Sie nach rechts abbiegen. Bei gutem Wetter lugt der Atlantische Ozean zum ersten Mal zwischen den Hügeln hervor und nach einer kleinen Kuppe, dem sogenannten Brookhill, haben Sie einen sehr schönen Blick auf das Meer und bis zu den fast 50 m hohen Klippen von Downpatrick Head ganz im Norden.

Sie folgen dem Sträßchen immer geradeaus und erreichen bald die ersten Häuser von Ballyglass. An der nächsten Kreuzung halten Sie sich ebenfalls geradeaus. Es folgen die Ballyglass Bridge ❼ über den Ballinglen River und eine Ruine auf der rechten Seite der Straße. Anschließend erreichen Sie die Hauptstraße, der Sie nun noch wenige Hundert Meter nach rechts in Richtung Ballycastle folgen.

Der Western Way zweigt kurz vor dem Dorf nach links auf die Sea Road ab. Falls Sie in Ballycastle übernachten, müssen Sie am folgenden Tag die paar Hundert Meter einfach wieder zurücklaufen und dann rechts in die Sea Road abbiegen.

Ballycastle

B&B ✕ 𝕐 ⌘

- Ash Tree House, Main St, Ballycastle, Co. Mayo, 450 m vom Weg entfernt, Ü DZ ab € 154, schöne große Ferienwohnung mitten in Ballycastle. Zurzeit kann die Unterkunft nur über das Internet (www.booking.com) gebucht werden.
- ♦ Main Street, Main St, Ballycastle, Co. Mayo, 250 m vom Weg entfernt, Ü ab € 101, Ferienhaus für insgesamt vier Personen direkt an der Hauptstraße, das aktuell nur über das Internet (www.booking.com) gebucht werden kann.
- **B&B** Stella Maris Country House B&B, Killerduff, Ballycastle, Co. Mayo, ☏ 096/433 22, www.stellamarisireland.com, 2,2 km vom Weg entfernt, ÜF DZ ab € 155
- ✕ Mary's Cottage Kitchen, Main St, Ballycastle, Co. Mayo, ☏ 096/433 61, Mi-Mo 10:00-18:00, Di geschlossen
- ♦ Céide Ladle, Main St, Ballycastle, Co. Mayo, ☏ 083/012 52 18, www.ceideladle.ie, Fr und Sa 12:00-19:00, So 12:00-17:00, mit viel Liebe geführtes Mini-Restaurant
- ✕ 𝕐 Healy's Bar, Main St, Ballycastle, Co. Mayo, ☏ 087/203 31 01, Mo-Do 12:30-23:30, Fr und Sa 12:30-0:30, So 12:30-23:00
- 𝕐 The Seaview Lounge, Main St, Ballycastle, Co. Mayo, ☏ 087/329 01 94, Mo-So 16:00-23:00
- Mc Namee's XL, Main St, Ballycastle, Co. Mayo, Irland, Mo-So 9:00-21:00
- An Post Ballycastle, Main St, Ballycastle, Co. Mayo, ☏ 096/432 65, Mo-Fr 9:00-14:30, 15:30-17:30, Sa 9:00-13:00, So geschlossen

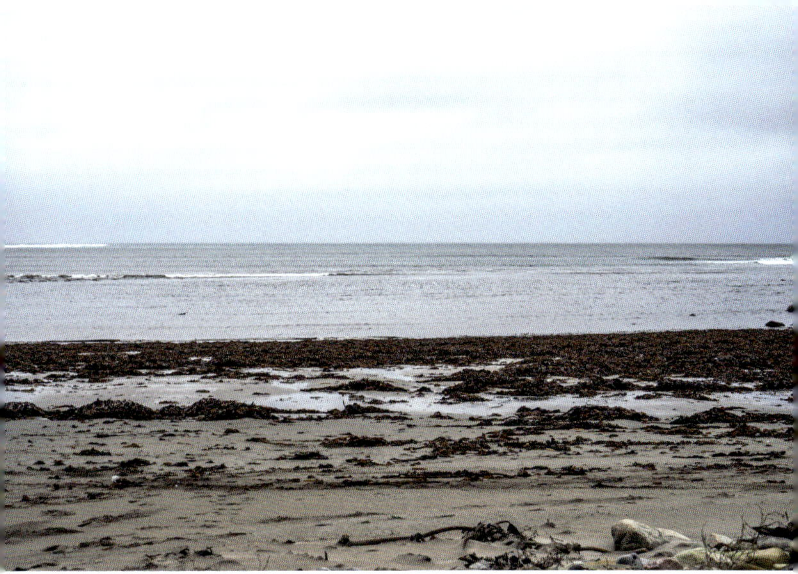

Ballycastle Beach

⌘ Ballinglen Museum of Art, Main Street, Ballycastle, Co. Mayo, ☏ 096/431 84, ballinglenarts@gmail.com, www.ballinglenartsfoundation.org, Mo-Sa 12:00-17:00, So 13:00-17:00. Das Museum wird von der Ballinglen Arts Foundation betrieben und war das erste Museum für zeitgenössische Kunst im Westen Irlands. Heutzutage verfügt das Museum über mehr als 850 Ausstellungsstücke, die sich vorzugsweise mit der Region beschäftigen.

An der Hauptstraße in der Nähe der Post gibt es eine Bushaltestelle (Main St, Katie Macs). Hier verkehrt die Bus-Éireann-Linie 445 zwischen Ballycastle und Ballina. Der Bus hält zweimal täglich (Abfahrtszeiten variieren) und kann Sie zum Startpunkt der 12. Etappe in Kallila und zum Startpunkt der 13. Etappe in Ballina bringen.

Ballycastle ist eine kleine Ortschaft mit 219 Einwohnerinnen und Einwohnern im Nordosten des Countys Mayo. Etwa 7 km westlich des Ortes liegen die Céide Fields, eine umfangreiche, ca. 5.500 Jahre alte Stätte voller steinzeitlicher Felder. Bei der Anlage handelt es sich um die größte derartige Stätte in ganz Irland und eines der ältesten Feldersysteme weltweit. Es wird geschätzt, dass insgesamt mehr als 100 km Feldeinfriedungen unter dem Torfmoor verborgen liegen. Im 14. Jh. brach die Verbindung zwischen dem 50 m hohen Brandungspfeiler Dún Briste und dem Festland in sich zusammen. Seitdem steht der Pfeiler eindrucksvoll mitten in den tosenden Wellen des Atlantischen Ozeans.

11. Etappe: Ballycastle – Killala

22,1 km, 6 Std. 30 Min., ↑ 312 m, ↓ 311 m, ⇧ 6-148 m

0,0 km	⇧	12 m	Ballycastle (Baile an Chaisil) B&B
1,7 km	⇧	12 m	Ballycastle Beach
4,8 km	⇧	35 m	Kilbride Graveyard (Cill Bhride)
12,5 km	⇧	11 m	Carrowmore (An Cheathrú Mhór)
14,5 km	⇧	23 m	Mullaghnacross (Mullach Chorráin)
15,7 km	⇧	10 m	Carbad Beg (An Carbad Beag)
17,1 km	⇧	9 m	Palmerstown Bridge
22,1 km	⇧	11 m	Killala (Cill Ala) B&B

Das Highlight der heutigen Etappe kommt bereits kurz nach dem Start in Form des schönen Ballycastle Beach. Anschließend wandern Sie über ruhige Nebenstraßen, in deren Mitte teilweise fröhlich das Gras sprießt, durch das typisch irische Weideland unweit des Atlantischen Ozeans.

Falls Sie die Nacht in Ballycastle verbracht haben, laufen Sie wieder wenige Hundert Meter auf der Hauptstraße zurück, bis Sie von der R314 nach rechts auf eine asphaltierte Nebenstraße (Sea Road) abzweigen können. Hier gibt es auch eine Infotafel über den kommenden Abschnitt des Western Way bis Ballina. Nach 1,7 km macht die Straße einen scharfen Rechtsknick und Sie erreichen den wunderschön gelegenen Ballycastle Beach an der Bunatrahir Bay ❶. Auch wenn es noch früh am Tag ist, bietet sich der Strand für eine ausgedehnte Pause an, während der Sie dem sanften Rauschen der Wellen lauschen können.

Anschließend folgen Sie dem Sträßchen weiter zwischen den verstreuten Höfen von Lisbrin hindurch, bis Sie in Gortmore eine Kreuzung erreichen. Sie halten sich geradeaus und folgen der ruhigen Straße weiterhin durch Farmland, bis Sie zu einer Kirchenruine und dem völlig verwilderten Friedhof von Kilbride kommen ❷.

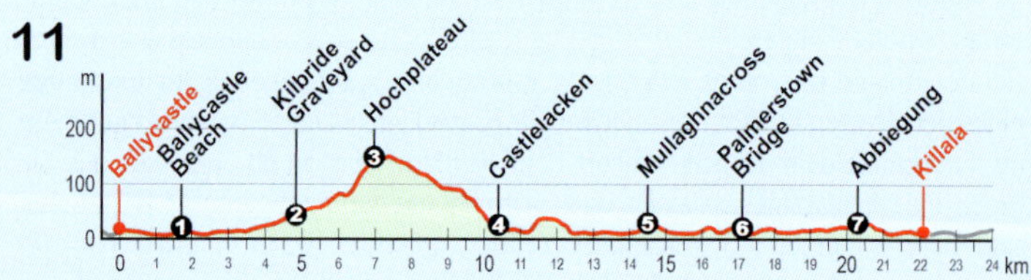

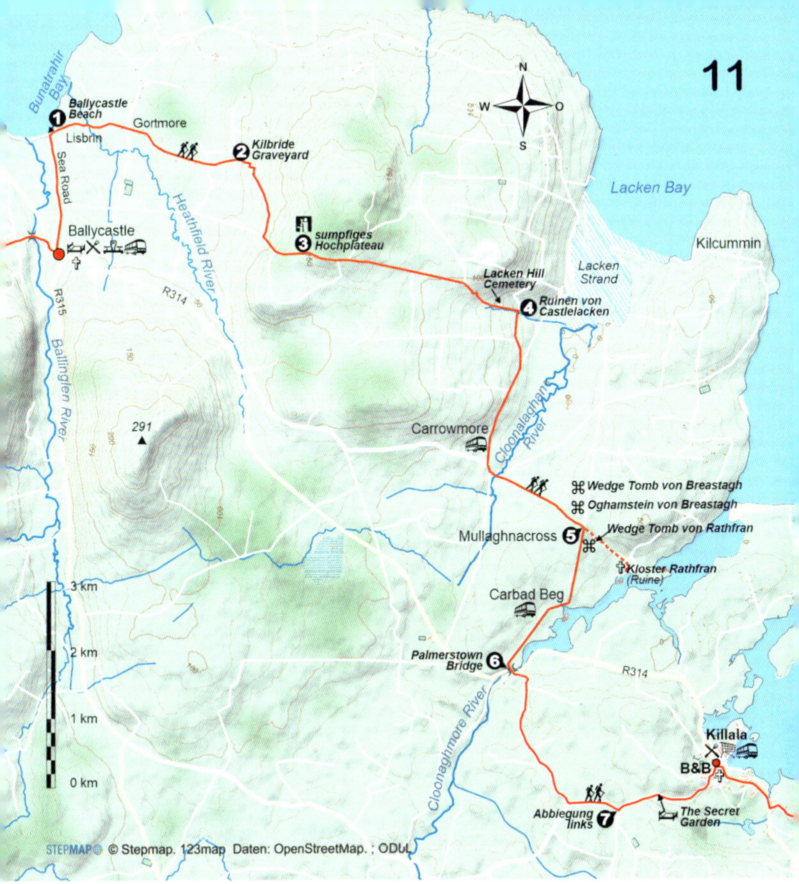

Kurz darauf knickt das schmale, von Hecken gesäumte Sträßchen rechts ab (nicht geradeaus weiterlaufen!) und verläuft parallel zu einem namenlosen Hügel. Auf dem Abschnitt haben Sie immer wieder tolle Ausblicke zurück auf die Bunatrahir Bay.

Irgendwann mündet der Western Way in eine weitere Nebenstraße, der Sie nun nach links und durch ein kleines Waldstück den Hügel hinauf folgen. Am Ende des Waldes erreichen Sie ein sumpfiges Hochplateau ❸, von dem aus Sie nochmals einen schönen Rückblick bis zum Sheskin Forest haben. Voraus lässt sich wiederum bereits ein kleiner Teil der Killala Bay erkennen. Der markante, alleinstehende Berg im Süden ist der 806 m hohe Nephin.

Nach einer Kuppe beginnt die Straße wieder sanft abzufallen und Sie laufen für ein langes Stück schnurgerade auf die Killala Bay zu. Nach etwa 2,7 km taucht rechts der alte, ebenfalls völlig verwilderte Friedhof von Lacken auf. Im starken Unterschied dazu liegt lediglich 100 m weiter der neue und sehr gepflegte Lacken Hill Cemetery, diesmal auf der linken Seite. Es ist ein etwas seltsamer Kontrast und nicht ganz klar, warum die Irinnen und Iren teilweise ihre Friedhöfe so dermaßen verwildern lassen. Schließlich mündet die Straße in eine weitere Nebenstraße, auf die Sie nach rechts abbiegen. Direkt an der Kreuzung liegen die Ruinen von Castlelacken, einem herrschaftlichen Landsitz aus dem frühen 18. Jh., der bereits seit mehr als 100 Jahren dem Verfall preisgegeben ist ❹.

Verfallener Friedhof von Lacken

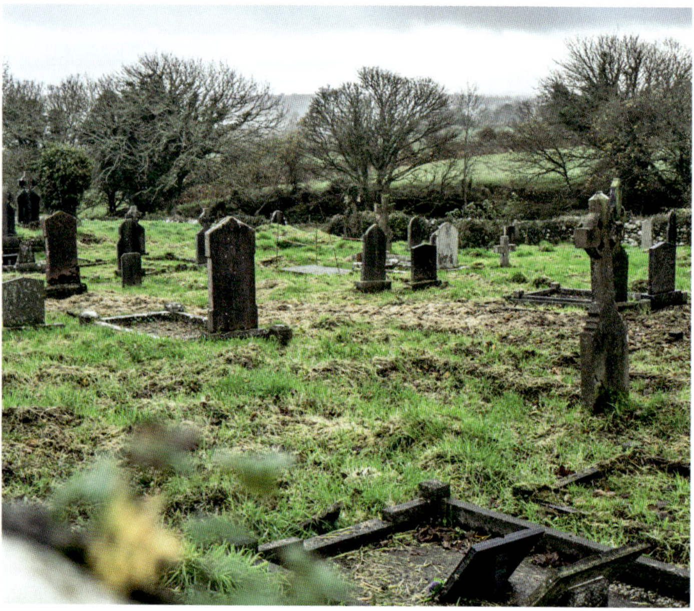

Nach etwa 800 m zweigt an einer ehemaligen Tankstelle eine kurze Zufahrtsstraße zum Lacken Strand nach links ab. Sie halten sich leicht rechts und wandern weiterhin auf der Nebenstraße durch die kleine Siedlung Carrowmore.

Carrowmore

In Carrowmore hält die Bus-Éireann-Linie 445 zwischen Ballycastle und Ballina. Der Bus hält zweimal täglich (Abfahrtszeiten variieren) und kann Sie zum Startpunkt der 12. Etappe in Kallila und zum Startpunkt der 13. Etappe in Ballina bringen.

Am Ende der Siedlung biegen Sie links in eine ruhige Nebenstraße in Richtung Kilcummin ab. Nach wenigen Hundert Metern knickt die Straße jedoch schon wieder nach links ab und Sie halten sich geradeaus an einem großen Recyclingunternehmen vorbei, bis Sie nach etwa 1,5 km die Kreuzung von Mullaghnacross erreichen ❺.

Oghamstein von Breastagh

Unweit nördlich der Kreuzung liegt der Oghamstein von Breastagh. Es handelt sich dabei um einen bronzezeitlichen Menhir, der wohl zwischen 550 und 900 n. Chr. mit einer Ogham-Inschrift versehen wurde. Bei der Ogham-Schrift handelt es sich um Schriftzeichen, die vor allem dazu verwendet wurden, um kurze Texte, in den meisten Fälle Personennamen, einritzen zu können. Der Stein ist einer der größten und daher bekanntesten Oghamsteine Irlands. Er wurde 1874 von einem Touristen am Boden liegend entdeckt und von dem irischen Dichter und Antiquar Samuel Ferguson aufgerichtet. Nur 500 m weiter nördlich liegt mit dem Wedge Tomb von Breastagh eine weitere archäologische Stätte. Wedge Tombs (deutsch: „Keilgräber") sind doppelwandige, ganglose und mehrheitlich ungegliederte Megalithbauten der späten Jungstein- und der frühen Bronzezeit.

An der Kreuzung biegen Sie rechts ab und folgen der Straße etwa 2,5 km durch dünn besiedeltes Farmland. Gleich zu Beginn sehen Sie links an der Mündung des Cloonaghmore River in die Killala Bay die Ruinen des Klosters Rathfran. Das 1274 gegründete Dominikanerkloster wurde Ende des 18. Jh. aufgegeben und gehört zu den nationalen Monumenten Irlands.

Der Abstecher zum Kloster Rathfran beträgt hin und zurück 2,4 km.

Sie kommen auch an mehreren großen Felsblöcken vorbei, die fast direkt am Weg auf einer Wiese liegen. Sie bilden die Reste des Wedge Tomb von Rathfran, einem weiteren Keilgrab aus der frühen Jungsteinzeit.

Kurz bevor Sie die Templemary Grundschule erreichen, können Sie einen Abstecher nach links zur Mündung des Cloonaghmore Rivers einlegen.

Carbad Beg

An der Grundschule gibt es wieder einen Halt der Buslinie 445. Der Bus hält zweimal täglich (Abfahrtszeiten variieren) und kann Sie zum Startpunkt der 12. Etappe in Kallila und zum Startpunkt der 13. Etappe in Ballina bringen.

Sie folgen weiterhin der von Büschen und Bäumen gesäumten Straße, bis Sie nach einer scharfen Linkskurve zur Regionalstraße 314 an der Palmerstown Bridge kommen ❻. Die Brücke ist ein gutes Beispiel für deren Bauweise im späten 17. Jh. An dieser Stelle gab es auch das erste Scharmützel zwischen englischen und französischen Truppen nach der Landung von General Humbert im Jahr 1798.

Nachdem Sie die Brücke passiert haben, biegen Sie halb links auf die Nebenstraße ab, anstatt weiterhin der Hauptstraße zu folgen. Das schmale Sträßchen führt durch idyllisches Farmland und wurde zum Teil auch von Humberts Truppen bei ihrer Mini-Invasion genutzt. Nach 2,4 km biegen Sie an einer T-Kreuzung links ab. Nach 600 m erreichen Sie eine weitere T-Kreuzung, an der Sie ebenfalls nach links abbiegen ❼. Nun geht es in schnellen Schritten auf Killala zu, was sich auch an dem zunehmenden (aber immer noch sehr in Grenzen haltenden) Verkehr bemerkbar macht. Am Ortsschild beginnt dann ein willkommener Bürgersteig, dem Sie nun noch ein paar Hundert Meter bis zur Ecke Courthouse Street/Barrack Street folgen. Hier biegen Sie rechts in die Barrack Street ab, über die Sie in wenigen Minuten das Zentrum von Killala erreichen.

Killala

B&B

Island Winds, Kilroe, Killala, Co. Mayo, ☏ 086/074 08 20, direkt am Weg (12. Etappe), Ü ab € 113, voll ausgestattetes Ferienhaus am Ortsrand von Killala für insgesamt neun Personen. Der Mindestaufenthalt beträgt 3 Nächte.

♦ The Secret Garden, Taylors Row, Killala, Co. Mayo, direkt am Weg, Ü DZ ab € 145, etwas außerhalb von Killala gelegene Ferienwohnung mit eigener Küche, die nur über das Internet (www.booking.com) gebucht werden kann.

B&B ✗ 🍸 The Acres Killala, Barrack St, Townplots East, Killala, Co. Mayo, ☏ 087/275 43 92, theacreskillala@gmail.com, www.theacreskillala.com, direkt am Weg, ÜF DZ ab € 100. The Acres verfügt auch über einen netten kleinen Pub mit guter irischer Küche, Do und Fr 17:00-23:00, Sa und So 13:00-23:00, Mo-Mi geschlossen.

✗ Arch Bar & Restaurant, Market St, Killala, Co. Mayo, ☏ 096/329 41, Mi-Fr 16:00-21:00, Sa 12:00-21:00, So 12:30-20:30, Mo und Di geschlossen

♦ Khan's Pizza Bar & Kebabs, George St, Townplots East, Killala, Co. Mayo, ☏ 096/338 27, Mo-So 16:00-0:00, kleiner Fast-Food-Imbiss

The Kiosk Café, Market St, Townplots East, Killala, Co. Mayo, ☏ 096/327 90, Mo-Sa 9:00-17:00, So 10:00-17:00

Village Inn, Church St, Townplots East, Killala, Co. Mayo, ☏ 096/326 13, Mo-So 12:00-20:00

Johnny Lynn's Pub, Market St, Townplots East, Killala, Co. Mayo, ☏ 096/321 05, Mo-So 16:00-0:00

Centra Killala, Market St, Townplots East, Killala, Co. Mayo, ☏ 096/323 84, Mo-Sa 7:30-22:00, So 8:30-21:00

Lavelles Pharmacy, Church Street, Townplots East, Killala, Co. Mayo, ☏ 096/324 65, Mo-Fr 10:00-18:30, Sa 10:00-15:00, So geschlossen

An Post Killala, Market St, Townplots East, Killala, Co. Mayo, ☏ 096/320 22, Mo-Fr 9:00-14:00, 14:30-17:30, Sa 9:00-13:00, So geschlossen

Die Bus-Éireann-Linie 445 zwischen Ballycastle und Ballina hält auch in Killala. Die Bushaltestelle (Opp Barnes) liegt an der Hauptstraße in der Nähe des Village Inn. Der Bus hält zweimal täglich (Abfahrtszeiten variieren) und kann Sie zum Startpunkt der 13. Etappe in Ballina bringen.

Die kleine, 562 Einwohnerinnen und Einwohner zählende Ortschaft Killala liegt im hohen Norden des Countys Mayo am Westufer der Killala Bay. Die Gründung des Ortes geht auf eine Klostersiedlung zurück, von der noch der 26 m hohe Rundturm erhalten ist. Die iroschottischen Kirchenbauten sind eines der historischen Wahrzeichen Irlands. Heutzutage gibt es noch 65 von ehemals mehr als 100 erbauten Türmen und der Rundturm von Killala gehört zu den am besten erhaltenen, obwohl er im 18. und nochmals im 19. Jh. vom Blitz getroffen wurde. Welchen Zweck die Türme ursprünglich erfüllten, darüber gehen die Meinungen heutzutage weit auseinander. Am wahrscheinlichsten ist, dass Sie sowohl als Glockenturm, als auch als Wehrturm dienten. Neben dem Rundturm liegt in Killala noch eine der kleinsten Kathedralen Irlands, die St. Patrick's Cathedral. An gleicher Stelle stand bereits im Mittelalter eine Kathedrale, die in den Wirren des 16. Jh. zerstört wurde. In den 1670er-Jahren wurde das heutige Gebäude unter Verwendung von Trümmern und Steinen des Vorgängerbaus errichtet.

Entspannter Ausklang eines langen Wandertages

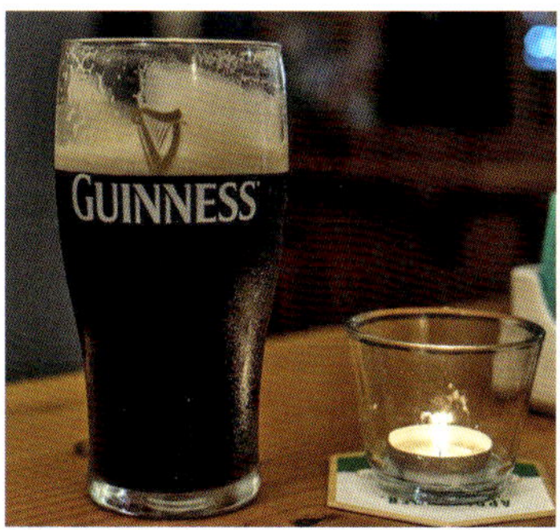

12. Etappe: Killala – Ballina

15,1 km, 4 Std., 167 m, 168 m, 7-49 m

0,0 km	11 m	Killala (Cill Ala) B&B
2,9 km	14 m	Abzweigung zum Kloster Moyne
6,5 km	22 m	Rosserk (Ros Eirc)
11,3 km	26 m	Farrannoo (An Fearann Nua)
15,1 km	10 m	Ballina (Béal an Átha) B&B BANK

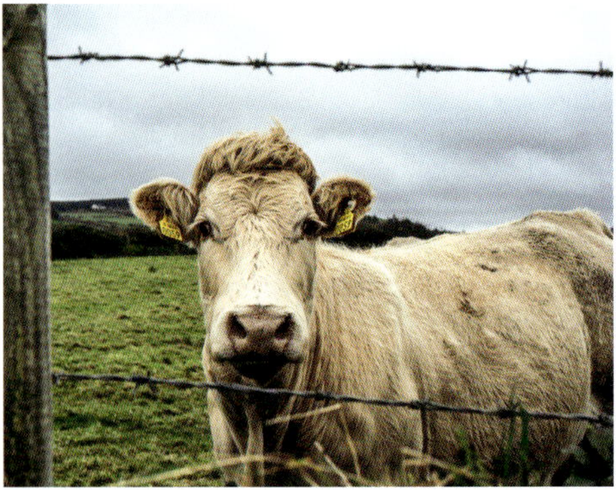

Begegnung am Wegesrand

Nach vier sehr langen Etappen steht mit dem 12. Teilstück endlich wieder eine etwas kürzere Etappe zum Durchschnaufen an. Sie folgen nun durchgehend der Tour D'Humbert, also dem Weg, den General Humbert mit seinen Soldaten im Jahr 1798 auf dem Weg nach Castlebar nahm. Kurz vor Ballina haben Sie die Wahl, ob Sie auf dem klassischen Western Way bleiben oder über den schönen und historisch interessanten Belleek Wood Greenway nach Ballina wandern möchten.

Sie verlassen Killala über die leicht abfallende Hauptstraße (R314) an der St. Patrick's Cathedral vorbei. Nach einem guten Kilometer biegen Sie links auf eine Nebenstraße in Richtung Kloster Moyne ab ❶.

Etwa 200 m weiter zweigt der Killala Greenway ebenfalls links von der Hauptstraße ab. Der Fuß- und Radweg führt meist geschottert zwischen Schilf und Feldern hindurch, bevor er südlich von Moyne wieder auf die Straße trifft. Der Weg ist sehr viel schöner als die Landstraße und da bereits einige schwarze Markierungsstelen aufgestellt wurden, kann es sein, dass der Western Way in Zukunft ebenfalls über den Greenway führen wird. Einziger Nachteil: Sie kommen nicht mehr am Kloster Moyne vorbei.

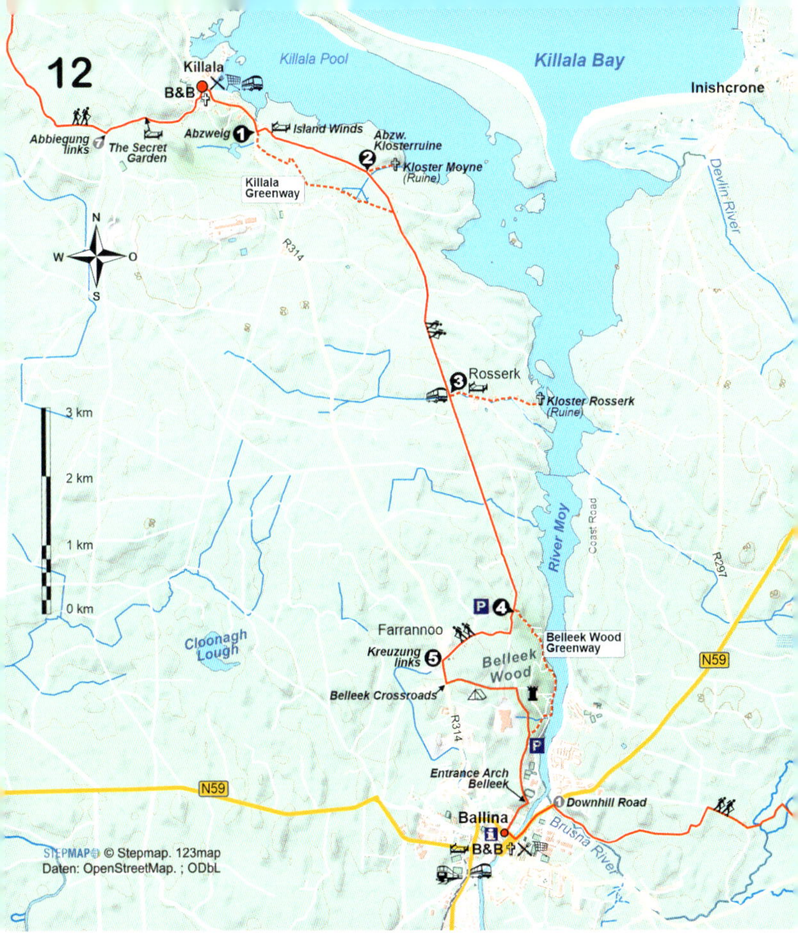

12
Killala
B&B
Killala Pool
Killala Bay
Inishcrone
Abbiegung links
The Secret Garden
Abzweig
Island Winds
Abzw. Klosterruine
Kloster Moyne (Ruine)
Killala Greenway
R314
N
W
O
S
Devlin River
Rosserk
Kloster Rosserk (Ruine)
3 km
2 km
1 km
0 km
River Moy
Coast Road
R297
Farrannoo
Kreuzung links
Belleek Wood
Belleek Wood Greenway
Belleek Crossroads
Cloonagh Lough
N59
Entrance Arch Belleek
Downhill Road
Ballina
B&B
Brusna River
STEPMAP © Stepmap. 123map
Daten: OpenStreetMap. ; ODbL

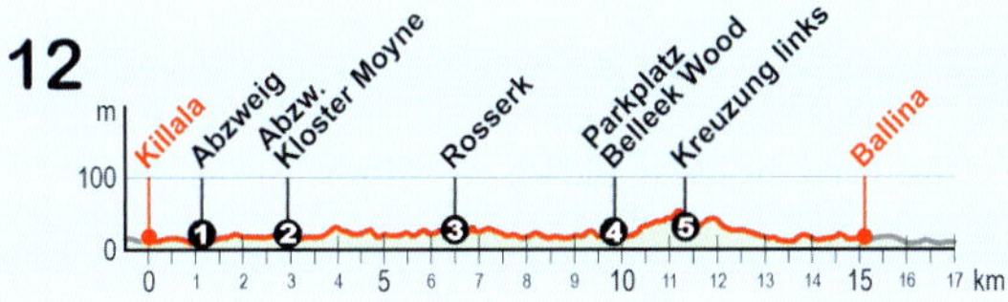

12
m
100
0
Killala
Abzweig
Abzw. Kloster Moyne
Rosserk
Parkplatz Belleek Wood
Kreuzung links
Ballina
0 1 2 3 4 5 6 7 8 9 10 11 12 13 14 15 16 17 km

Dem von Steinwällen und Hecken gesäumten Sträßchen folgen Sie etwa 1,8 km, dann führt ein ausgeschilderter Pfad nach links über eine Steinmauer und Privatgelände zum alten Kloster ❷.

Der Abstecher zum Kloster Moyne ist äußerst lohnend und beträgt hin und zurück etwa 900 m.

Kloster Moyne

Das Kloster wurde im Jahr 1460 gegründet und stellte die erste Gründung der Franziskaner in Irland dar. In den folgenden Jahren erlangte es große Bedeutung als eines der wichtigsten Häuser zur Ausbildung junger Franziskanermönche. Nach der Reformation setzte eine Phase andauernder Verfolgung ein, die schließlich im Jahr 1590 in der Zerstörung der Klosteranlage durch den Gouverneur von Connacht, Richard Bingham, mündete. Bei dem Feldzug brannte Bingham auch noch die nahe gelegenen Klöster von Rathfran und Rosserk nieder. Dennoch lebten auch in den folgenden Jahren ein paar Franziskaner in Moyne, bis die Gemeinschaft Mitte des 18. Jh. nach Kilmacshalgan im County Sligo umzog. Das Kloster liegt sehr nah an der Mündung des River Moy in die Killala Bay. Durch die günstige Lage war es den Franziskanern möglich, weitestgehend autark zu leben. Vor Ort gab es reichlich Gemüse, Fisch und Fleisch und an der Küste konnten Austern und andere Schalentiere gesammelt werden. Heutzutage gehören die Ruinen des Klosters zu den nationalen Monumenten Irlands.

Nach der Klosterruine führt die verkehrsarme Nebenstraße geradlinig durch das dünn besiedelte Weideland. Linker Hand haben Sie immer wieder Ausblicke auf die Mündung des River Moy in die Bucht von Killala. Nach 3,6 km erreichen Sie Rosserk und links zweigt die ausgeschilderte Straße zum gleichnamigen Kloster ab ❸.

Der Abstecher zum Kloster Rosserk beträgt hin und zurück 3 km. Genau wie Moyne wurde auch das Kloster Rosserk Mitte des 15. Jh. von Franziskanermönchen gegründet und Richard Bingham brannte es im Jahr 1590 nieder. Die gut erhaltenen Ruinen des Klosters sind Teil der nationalen Monumente Irlands.

Rosserk

Greenland's House, Rosserk, Ballina, Co. Mayo, direkt am Weg, Ü DZ ab € 148. Das Apartment, das aktuell nur über das Internet (www.booking.com) gebucht werden kann, verfügt über eine voll ausgestattete Küche und bietet max. vier Personen Platz.

An der Kreuzung hält jeden Freitag um 9:45 die Bus-Éireann-Linie 443 zwischen Cooneal und Ballina. Ballina erreicht der Bus um 9:58.

Sie folgen weiterhin auch der Tour D'Humbert. Die ausgeschilderte Route folgt der epischen Reise von General Humbert und seinen Truppen von der Killala Bay bis nach Ballinamuck im County Longford, wo Sie letztlich von englischen Truppen besiegt wurden.

General Humbert und der Aufstand der United Irishmen

Die Französische Revolution von 1789 war eine große Inspirationsquelle für die irischen Nationalisten, die selbst hofften, sich gegen ihre englischen Besatzer erheben zu können. Zwei Jahre nach dem Fall der Bastille wurden „The United Irishmen" gegründet. Der Zusammenschluss aus Kaufleuten und Intellektuellen strebte ein Ende der britischen Besatzung, eine parlamentarische Reform und die katholische Emanzipation an. Nachdem die United Irishmen um französische Unterstützung baten, schickte Großbritannien 40.000 Soldaten nach Irland. Nach einem weiteren verzweifelten Appell der Iren traf im Dezember 1796 eine große Flotte von 12.000 französischen Soldaten ein, die jedoch nicht anlanden konnte. 20 Monate später erreichte eine viel kleinere Flotte mit 1.060 Mann unter dem Kommando von General Humbert die Bucht von Killala.

Schon kurz nach der Landung besetzte er die Stadt Killala und die United Irishmen forderten die Einheimischen auf, sich als Rekruten anzuschließen. 1.500 Iren folgten dem Aufruf und gemeinsam mit General Humbert zogen sie nach Castlebar, wo sie die fast doppelt so starke Regierungstruppe von General Lake in die Flucht schlagen konnten. Nach dem spektakulären Sieg nahmen Humberts Truppen Westport und Newport ein und es wurde sogar die Irische Republik ausgerufen. Die Briten waren jedoch entschlossen, die Kontrolle wiederzuerlangen und so schickte Lord Cornwallis 13.000 Mann Verstärkung und General Humbert wurde gezwungen, sich nach Foxford zurückzuziehen. Als seine bunt zusammengewürfelte und schlecht ausgerüstete Truppe schließlich nach Leinster marschierte, um die dortigen Rebellen zu unterstützen, wurde er am 8. September in Ballinamuck abgefangen. Nach lediglich 30 Minuten Kampf ergaben sich die französischen Truppen und gerieten in Kriegsgefangenschaft. Die Iren, die sie unterstützt hatten, wurden gnadenlos abgeschlachtet und es folgte eine erneute Zeit brutaler Unterdrückung. Am Ende forderte die Rebellion etwa 30.000 Tote.

Das folgende Wegstück in Richtung Ballina ist etwas eintönig, wandern Sie doch meist schnurgerade zwischen hohen Hecken dahin. Nach 3,3 km erreichen Sie allerdings den Belleek Wood und auf der linken Seite befindet sich ein Parkplatz an dem der Belleek Wood Greenway startet ❹.

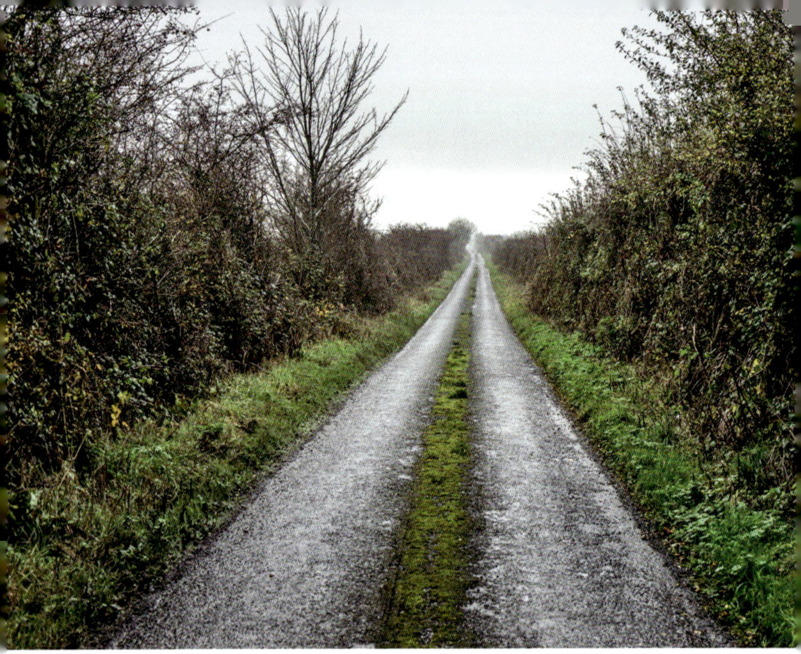

Weg nach Ballina

↳ Sie haben nun die Wahl, ob Sie weiterhin dem Western Way auf der Straße folgen oder ob Sie auf dem idyllischen Belleek Wood Greenway durch den sowohl landschaftlich schönen als auch historisch interessanten Belleek Wood laufen wollen. Am Ende des Waldes treffen beide Wege wieder aufeinander.

Der Western Way bleibt auf der Nebenstraße, die nach ein paar Minuten scharf rechts abknickt. Kurz darauf erreichen Sie die ersten Häuser von Farrannoo und auf der linken Seite passieren Sie die Culleens Grundschule. An der folgenden Kreuzung biegen Sie links ab ❺ und wandern auf einem Bürgersteig an der R314 entlang, bis Sie an der nächsten Kreuzung (Belleek Crossroads) wieder links abbiegen können und nun der Belleek Road am Belleek Park Caravan & Camping vorbei und weiter in Richtung Wald folgen.

Farrannoo

Belleek Park Caravan & Camping, Belleek, Farrannoo, Ballina, Co. Mayo, ☏ 096/715 33, www.belleekpark.com, direkt am Weg, Ü ab € 12, 1. März-31. Oktober

Belleek Wood

Der Belleek Wood ist einer der größten städtischen Wälder in Irland. Hier gibt es viele historische Stätten aus vergangenen Tagen zu entdecken, darunter eine Einsiedelei, das Knox-Gore-Denkmal und die Famine Wall. Die Mauer wurde im Jahr 1848 auf dem Höhepunkt der Großen Hungersnot von der wohlhabenden Knox-Gore-Familie in Auftrag gegeben, um der armen und hungernden Bevölkerung in der Gegend zu helfen. Jeder Arbeiter, der beim Bau der Mauer half, bekam am Abend eine Schüssel indischen Essens für die gesamte Familie als Bezahlung. Dies rettete vielen Menschen das Leben. Als in späteren Zeiten die großen Unruhen ausbrachen, wurden die Familie Knox-Gore und ihre Besitztümer verschont, was als ausgleichender Dank für die Unterstützung während der Hungersnot angesehen werden kann.

Am Ufer des River Moy liegt ein altes Schiff auf Grund, die „Crete Boom". Aufgrund von Stahlknappheit wurde das Schiff zur Zeit des Ersten Weltkriegs aus Beton gebaut. Darüber hinaus ist der Belleek Wood ein idealer Ort, um die irische Natur zu erkunden. Entlang der Wanderwege können Sie eine Fülle von Blumen entdecken, darunter Glockenblume, Fingerhut, Schwertlilie, Primel und im Frühjahr Bärlauch. Auch vielen Tieren wie Füchsen, Hasen, Eichhörnchen, Rotkehlchen und Reihern ist der Wald eine Heimat.

Eingebettet in die Wälder liegt das faszinierende Belleek Castle. Das Schloss ist der Stammsitz des Earl of Arran und bekannt für seine preisgekrönten Speisen im Jack Fenns Courtyard Bistro und die faszinierende Marshall Doran Collection, eine der schönsten Sammlungen an Waffen und Rüstungen sowie Fossilien und Antiquitäten in Irland.

Kurz bevor Sie den Wald erreichen, biegt die Straße nach rechts ab und verläuft am Waldrand nach Süden. Am Ende des Waldes kommen Sie an einem weiteren Ausflugsparkplatz vorbei. Anschließend wandern Sie entlang sattgrüner Wiesen oberhalb der Sportplätze des Ballina Soccer Clubs. Am Ende der Straße laufen Sie durch den imposante Entrance Arch Belleek, einen großen Torbogen aus dem 19. Jh., und biegen rechts auf die Castle Road ab. Sie folgen nun der Straße bis zu ihrem Ende, an dem Sie das Zentrum von Ballina erreichen.

Ballina

i B&B BANK

i Mayo North Tourism, Pearse St, Abbeyhalfquarter, Ballina, Co. Mayo, ☏ 096/800 90, info@mayonorth.ie, www.northmayo.ie, Mo-Fr 9:00-17:00, Sa und So geschlossen

♦ Ballina Tourist Office, 44 Pearse St, Abbeyhalfquarter, Ballina, Co. Mayo, ☏ 096/728 00, www.ballina.ie, Mo-Sa 10:00-17:00, So geschlossen

Ballina Manor Hotel, Barrett St, Carrowcushlaun West, Ballina, Co. Mayo, 0096/809 00, info@ballinamanorhotel.ie, www.ballinamanorhotel.ie, 400 m vom Weg entfernt, 4 Sterne, ÜF DZ ab € 129. An das Hotel angeschlossen ist das Ridgepool Restaurant. Das Restaurant hat eine gute Auswahl an hochwertigen Hauptgerichten und bereitet sogar fangfrischen Fisch zu. Neben dem Restaurant gibt es noch die gediegene Shembles Bar mit Livemusik und die Bentley Bar auf dem großen Hotelbalkon über dem River Moy, Öffnungszeiten bitte telefonisch erfragen.

- The Lodge Ballina, The Old Bond Store, Dillon Terrace, Abbeyhalfquarter, Ballina, Co. Mayo, 085/852 47 68, info@thelodgeballina.com, www.thelodgeballina.com, direkt am Weg, 2 Sterne, Ü DZ ab € 108. Im Innenhof liegt das Dillons Bar & Restaurant. Es wird moderne irische Küche serviert, Mo-Sa 17:00-0:00, So 15:30-22:00.
- Downhill Inn, Sligo Rd, Knocknalyre, Ballina, Co. Mayo, 096/734 44, info@downhillinn.ie, www.downhillinn.ie, 350 m vom Weg entfernt, 3 Sterne, ÜF DZ ab € 150. Das Restaurant bietet eine gute Auswahl an leckeren Fisch- und Fleischgerichten, Mo-So 18:00-21:00.

B&B Greenhill B&B, Cathedral Cl, Abbeyhalfquarter, Ballina, Co. Mayo, 096/2 27 67, greenhillbandb@eircom.net, www.greenhillbandb.com, 250 m vom Weg entfernt, ÜF DZ ab € 60

Poacher Restaurant, First Floor, 4 Market Square, Ballina, Co. Mayo, 096/779 82, www.thepoacher.business.site, Mi-Fr 16:00-21:00, Sa 16:00-21:30, So 13:00-21:00, Mo und Di geschlossen, sehr gutes Restaurant mit vielen Fisch- und Fleischgerichten

- The Lantern, Emmet St, Abbeyhalfquarter, Ballina, Co. Mayo, 096/702 36, www.lanternchinese.ie/, Mo-So 17:00-0:00. Das Lantern bietet leckere asiatische Küche.
- Luskin's Bistro, 2 Dillon Terrace, Abbeyhalfquarter, Ballina, Co. Mayo, 086/884 49 28, Di-Sa 17:00-22:00, So 15:00-21:00, Mo geschlossen, malerisches, familiengeführtes Restaurant des preisgekrönten Küchenchefs Gerry Luskin
- The Cot and Cobble, Clare St, Abbeyhalfquarter, Ballina, Co. Mayo, 096/735 82, thecotandcobble@gmail.com, Mo und Di 15:00-23:00, Mi und Do 15:00-23:30, Fr und Sa 15:00-0:30, So 12:00-23:00, Ballinas ausgezeichnetes Restaurant, direkt am Ufer des River Moy gelegen
- Apache Pizza Ballina, Tone St, Carrowcushlaun West, Ballina, Co. Mayo, 096/222 00, www.apache.ie, So-Do 15:00-0:00, Fr und Sa 15:00-1:00, gemütliches Fast-Food-Restaurant

Cafe Cobou, Tone St, Carrowcushlaun West, Ballina, Co. Mayo, 096/766 32, Mo-Sa 9:00-17:00, So geschlossen

Ballina

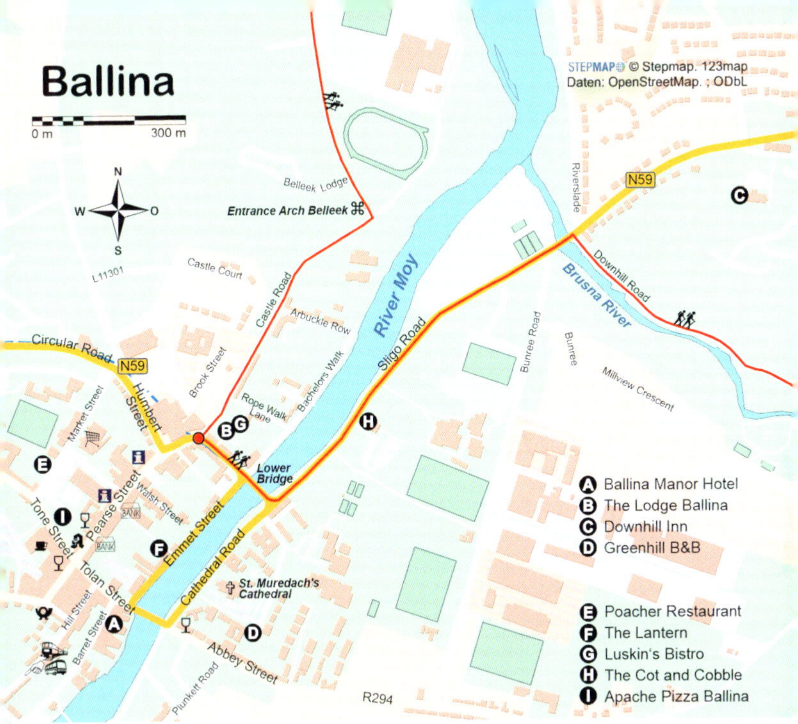

☕ Cupán Ceoil, 15 O'Rahilly St, Carrowcushlaun West, Ballina, Co. Mayo, ☏ 086/193 18 18, Mo-Sa 9:00-16:00, So geschlossen

✕ The Coffee Vine Cafe, Tone St, Carrowcushlaun West, Ballina, Co. Mayo, ☏ 096/214 58, thecoffeevineballina@gmail.com, www.coffeevinecafe.com, Mo-Sa 9:00-16:00, So geschlossen. Das Coffee Vine ist ein familiengeführtes Café mit gemütlichem Ambiente und süßen Leckereien.

🍷 Rouse's Bar, 53 Pearse St, Carrowcushlaun West, Ballina, Co. Mayo, ☏ 096/210 83, Mo-Do 12:30-23:30, Fr und Sa 12:30-0:30, So 20:00-23:00

♦ T. Breathnachs Pub, 4 Abbey St, Ardnaree, Ballina, Co. Mayo, ☏ 087/234 80 55, Mo-Do 17:00-23:45, Fr 15:00-0:30, Sa 12:30-0:30, So 12:30-23:15

♦ Hogan's Bar, O'Rahilly St, Carrowcushlaun West, Ballina, Co. Mayo, ☏ 087/404 50 16, contacthogans@gmail.com, www.hogansballina.ie, Mo-Do 15:00-23:30, Fr 15:00-0:30, Sa 14:00-0:30, So 12:30-23:30. Freitags, samstags und sonntags gibt es Livemusik.

🛒 Tesco Superstore, Market Square, Abbeyhalfquarter, Ballina, Co. Mayo, ☏ 081/855 35 87, Mo-Sa 8:00-22:00, So 10:00-20:00

Lidl, Bury St, Carrowcushlaun West, Ballina, Co. Mayo, ☏ 019/20 30 10, Mo-Sa 8:00-22:00, So 9:00-21:00

Call of the Wild, Tolan St, Carrowcushlaun West, Ballina, Co. Mayo, ☏ 086/270 78 95, info@callofthewild.ie, www.callofthewild.ie, Mo-Sa 9:30-18:00, So geschlossen, Outdoorgeschäft mit Kleidung und etwas Ausrüstung

Ward Pharmacy, Pearse St, Carrowcushlaun West, Ballina, Co. Mayo, ☏ 096/211 10, Mo-Sa 9:00-18:00, So geschlossen

♦ Mc Kane's Pharmacy, O'Rahilly St, Carrowcushlaun West, Ballina, Co. Mayo, ☏ 096/216 98, Mo-Sa 9:00-18:00, So geschlossen

BANK Bank of Ireland, 20 Pearse St, Abbeyhalfquarter, Ballina, Co. Mayo, ☏ 096/211 44, Mo-Fr 10:00-16:00, Sa und So geschlossen

♦ Ulster Bank, Pearse St, Carrowcushlaun West, Ballina, Co. Mayo, ☏ 081/858 75 88, Mo und Di 9:30-16:30, Mi 10:00-16:30, Do und Fr 9:30-16:00, Sa und So geschlossen

An Post Ballina, Casement St, Carrowcushlaun West, Ballina, Co. Mayo, ☏ 096/214 98, Mo-Fr 9:30-17:30, Sa 9:00-13:00, So geschlossen

Ballina Bus Station, Kevin Barry St., zentrale Bushaltestelle, an der unter anderem die Bus-Éireann-Linien 22 zum Dublin Airport, 52 nach Galway, 444 nach Dromore West (via Bunnyconnellan), 454 nach Westport und 458 nach Sligo abfahren. Alle Verbindungen und die genauen Abfahrtszeiten finden Sie vor Ort oder im Internet unter www.buseireann.ie.

Ballina Train Station, Station Rd, ☏ 083/662 22. Vom kleinen Bahnhof in Ballina können Sie ohne Umstieg lediglich nach Foxford fahren. Für die Strecken nach Dublin Heuston (3 Std. 30 Min.) oder Westport (1 Std.) ist jeweils ein Umstieg in Manulla Junction erforderlich.

Mit 10.171 Einwohnerinnen und Einwohnern ist Ballina die Metropole des Moy Valley und die zweitgrößte Stadt im County Mayo. Ganz am Ende der lang gezogenen Killala Bay gelegen befindet sie sich bereits relativ tief im Landesinneren. Ballina heißt übersetzt „die Stadt an der Mündung der Furt“ und die Siedlungsspuren in der Gegend reichen bis in die Steinzeit zurück, was von der Bedeutung des Übergangs bereits in frühester Zeit zeugt. Der heutige Ort wurde allerdings erst 1723 vom Lord of Tyrawley als Standort einer Baumwollfabrik gegründet. Zusätzlich bekam er die Genehmigung, einen Wochenmarkt und eine Ausstellung abzuhalten. Die erste Brücke über den fischreichen River Moy wurde schließlich 1836 erbaut und die Eisenbahnstrecke nach Foxford wurde 1873 fertiggestellt. Als Wahrzeichen der Stadt gilt die St. Muredach's Cathedral aus dem 19. Jh. Der Belleek Wood am Ufer des Moy ist mit seinen 300 Jahren einer der ältesten und zugleich der größte angepflanzte Stadtwald in Europa.

13. Etappe: Ballina – The Windy Gap

21,8 km, 6 Std. 30 Min., ↑ 438 m, ↓ 291 m, ⇧ 5-200 m

0,0 km	⇧ 10 m	Ballina (Béal an Átha) B&B BANK
5,1 km	⇧ 16 m	Glenree River Bridge
12,0 km	⇧ 73 m	Ellagh Beg (An Oileach Bheag)
21,8 km	⇧ 162 m	The Windy Gap, Bunnyconnellan (Muine Chonalláin Thoir) 5,3 km, ; Drummartin (Droim Mártain) 7,5 km,

Der Weg von Ballina bis an die Countygrenze zwischen Mayo und Sligo ist das letzte Teilstück des Western Way. Es ist nochmals eine lange, anstrengende Etappe mit einigen Höhenmetern. Meist schlängelt sich der Weg dabei über verkehrsarme Landstraßen ostwärts in Richtung der Ox Mountains. Der letzte Abschnitt des Western Way nutzt eine alte Trasse der Bianconi coach roads und endet schließlich am Talpass des Windy Gap. Auf der Etappe gibt es nur wenige Markierungen, Sie sollten also aufmerksam unterwegs sein.

Begegnung mit Schafen am Weg (jp)

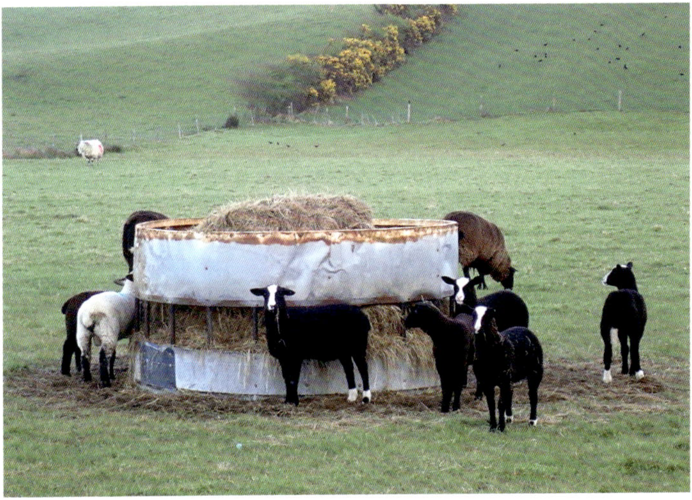

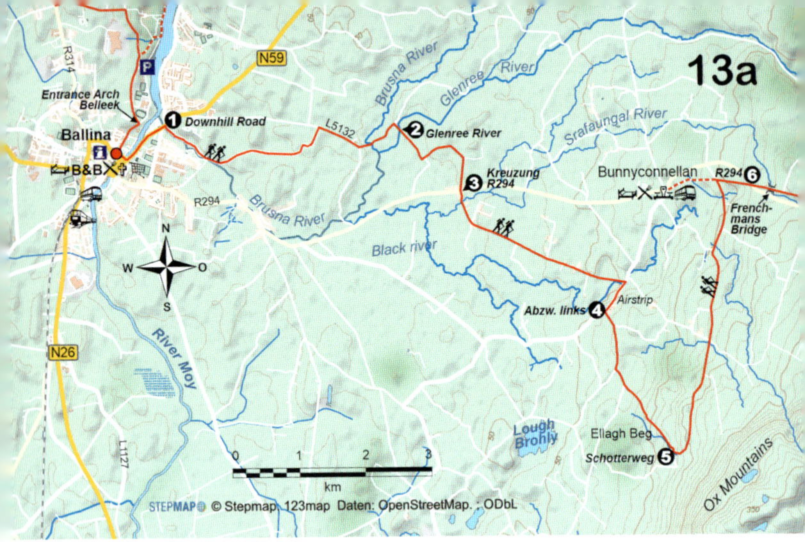

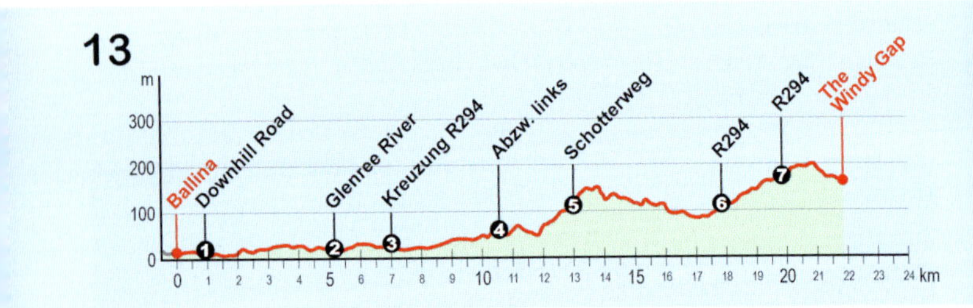

Die finale Etappe startet an der Ecke Castle Street/Pearse Street im geschäftigen Ballina. Sie folgen der Pearse Street (N59) an der Inver-Tankstelle vorbei und über den breiten River Moy. Am Ende der Straße biegen Sie links auf die Sligo Road ab. Sie folgen der Straße etwa 700 m am Ufer des Flusses entlang und biegen dann nach einer weiteren Brücke über den Brusna River rechts in die Downhill Road ein ❶. Nun lassen Sie allmählich die letzten Häuser von Ballina hinter sich. Das schmale, von Hecken gesäumte Sträßchen mündet in die L5132, auf die Sie nach rechts abbiegen. Sie kommen an der Behy-More-Grundschule vorbei und biegen anschließend nach links auf eine ruhige Nebenstraße ab. Sie überqueren nochmals den bereits deutlich kleineren und sanft dahinfließenden Brusna River, folgen der Straße etwa 600 m, biegen dann nach rechts auf eine weitere Nebenstraße ab und überqueren kurz darauf den mit dem Brusna River zusammentreffenden Glenree River ❷. Nach einem scharfen Linksknick halten Sie sich weiterhin geradeaus und dann rechts. Vor sich sehen Sie nun bereits die Hügel der bis zu 400 m hohen Ox Mountains (auch Slieve Gamph genannt). Mehrere abzweigende Zufahrtsstraßen ignorieren Sie beziehungsweise halten Sie sich im Zweifel immer rechts.

Schließlich erreichen Sie eine große Kreuzung an der R294 ❸. Sie laufen geradeaus über die Kreuzung, überqueren kurz darauf den kleinen Srafaungal River und wandern durch dünn besiedeltes Farmland südlich an Bunnyconnellan (meist Bonniconlon genannt) vorbei. Nach 3 km mündet das Sträßchen in eine etwas breitere Nebenstraße, in die Sie nun nach rechts abbiegen. Sie kommen an ein paar Häusern vorbei, hinter denen der Bunnyconnellan Airstrip liegt, ein kleiner Flugplatz mitten auf der grünen Wiese. Direkt am Ende der Häuser biegen Sie links ab ❹ und laufen nun direkt auf die dunkle Hügelkette zu. Sie folgen der Straße rund 800 m leicht rechts haltend, dann biegen Sie links ab und wandern zwischen freien Wiesen mit tollen Ausblicken über die umliegende Weidelandschaft dahin. Die Höfe werden langsam spärlicher und nach wenigen Hundert Metern biegen Sie nochmals links ab und das Sträßchen beginnt stetig zu den Hügeln hin anzusteigen. Sie kommen noch an den drei nah beieinanderliegenden Farmhäusern von Ellagh Beg vorbei, dann geht der Asphalt in einen schmalen Schotterweg über ❺.

Ausblick auf die schneebedeckten Ox Mountains (jp)

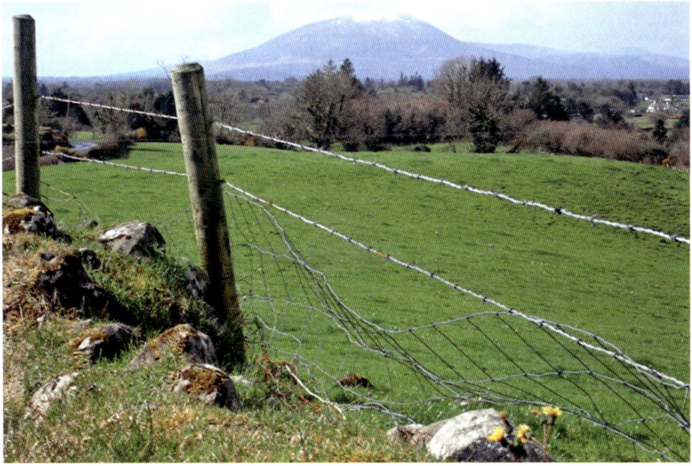

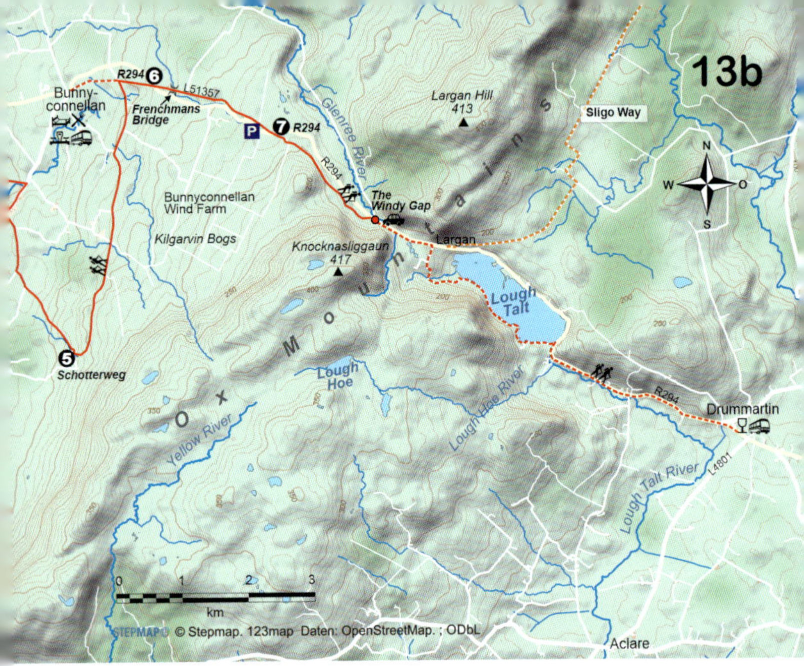

Auch das Weideland lassen Sie nun weitestgehend hinter sich. Sie wandern auf dem Schotterweg zwischen Sumpfgebieten und kleinen Wäldern weiter bergan, bis Sie eine T-Kreuzung erreichen, an der Sie sich links halten. Sie durchqueren eines der Waldgebiete und der nun meist leicht abfallende Weg führt Sie schließlich zu einer Kreuzung, die Sie geradeaus überqueren und an der Sie wieder auf eine schmale, asphaltierte Straße treffen. Während sich auf der rechten Seite unkultiviertes Sumpfland befindet, liegen auf der linken Seite des Weges grüne Wiesen, auf denen sich oft neugierige Schafherden tummeln.

Nach 2,4 km auf dem Sträßchen erreichen Sie eine weitere kleine Kreuzung, an der Sie nach rechts auf eine Schotterstraße abbiegen. Der Western Way führt nun wieder ansteigend zwischen Wiesen hindurch, bis Sie bereits nach 500 m zur R294 gelangen ❻. Sie überqueren die Straße und folgen der L51357 weiterhin bergan. Rechts von Ihnen, am Fuß der unwirtlichen Hügel, liegen die Kilgarvin Bogs, durch die früher der Western Way führte. Da allerdings vor ein paar Jahren die große Bunnyconnellan Wind Farm in den Sümpfen errichtet wurde, verlegte man den Weg etwas weiter nach Norden in die Nähe der R294.

Sie folgen dem schmalen Asphaltsträßchen weiter, bis es ein paar Hundert Meter nach der Frenchmans Bridge nach links abknickt und Sie geradeaus auf dem Schotterweg weiterwandern. 1,8 km nach Überquerung der R294 biegt der Weg nach rechts zu einem Parkplatz ab. Sie können jedoch weiterhin auf einem alten Pfad bleiben, der noch ein kurzes Stück geradeaus führt. Anschließend überqueren Sie nochmals die R294 ❼ und laufen direkt auf der anderen Straßenseite auf einem Schotterweg (Wegweiser „Foxford Way") weiter. Nach einem Rechts-Links-Knick passieren Sie die neu ausgebaute Zufahrtsstraße zur Wind Farm und wandern über einen alten, verfallenen und sehr sumpfigen Kutschenweg, der im frühen 19. Jh. Teil des von Charles Bianconi gegründeten ersten irischen Transportsystems war. Landschaftlich gibt der Western Way nun noch einmal alles. Auf dem Pfad steigen Sie bis auf 200 m Höhe an, dann fällt er wieder sanft ab und Sie wandern durch ein breites, von Besenheide und Gräsern bewachsenes Tal auf den markanten Einschnitt des Windy Gap zwischen den steil aufragenden Hügelflanken zu. Kurz vor dem Talpass mündet der Western Way schließlich in die R294.

Herzlichen Glückwunsch! Sie haben es geschafft und den kompletten Western Way, den abgelegensten Wanderweg Irlands, absolviert! Leider gibt es am Endpunkt aktuell (Stand 2021) lediglich eine alte, verwitterte Infotafel, auf der nur noch Textfragmente zu erkennen sind. Es wäre schön, wenn die Infotafel in absehbarer Zeit ersetzt werden würde.

Nun gibt es mehrere Möglichkeiten:

- ▷ Sie können vom Windy Gap zu einer der 🚌 Bushaltestellen in Bunnyconnellan (☞ unten) oder Drummartin (☞ unten) wandern und von dort aus mit dem Bus nach Ballina beziehungsweise Sligo fahren. Die Busse fahren allerdings nur an zwei Tagen in der Woche!
- ▷ Eine weitere Möglichkeit stellt das Trampen dar, das in Irland relativ problemlos und sicher funktioniert. Gerade einsame Wanderinnen und Wanderer im Regen scheinen bei der irischen Bevölkerung durchaus ein gewisses Helfersyndrom anzusprechen, sodass Sie bald eine Mitfahrgelegenheit nach Ballina oder Sligo finden dürften.
- ▷ Wenn Sie es gerne unkomplizierter mögen, können Sie am Windy Gap ein 🚗 Taxi bestellen. Dies geht unter anderem bei der Ballina Taxi Group beziehungsweise unter der Nummer ☎ 087/295 87 87. Die Kosten belaufen sich für die 18 km lange Strecke auf ungefähr € 35.

Von Ballina (weitere Infos zum Ort finden Sie bei ☞ Etappe 12) beziehungsweise von Sligo aus stehen Ihnen dann wieder eine Vielzahl an Reisemöglichkeiten in alle Ecken Irlands offen.

Die Bus-Éireann-Linie 22 verkehrt mehrmals täglich zwischen Ballina und dem Flughafen Dublin (4 Std. 15 Min., € 20). Etwas kürzer ist die Fahrt mit der Linie 23 von Sligo aus (3 Std. 30 Min.). Darüber hinaus gibt es etwa alle zwei Stunden eine direkte Zugverbindung zwischen Sligo und dem Bahnhof Dublin Connolly. Die Fahrt dauert 3 Std. und die Kosten liegen bei € 17 für eine Person.

Etwa 5 km westlich vom Windy Gap liegt mit Bunnyconnellan das nächste Dorf, das über eine gewisse Infrastruktur verfügt. Um dorthin zu gelangen, wandern Sie auf dem Western Way 4,5 km bis zu einer Kreuzung zurück, an der der Wanderweg nach links abknickt. Hier verlassen Sie den Weg, halten sich geradeaus und erreichen nach 800 m das Ortszentrum von Bunnyconnellan.

Bunnyconnellan

Wild Atlantic Way Cottage, Could Na hAbhann, Bunnyconnellan West, Bunnyconnellan, Co. Mayo, ☎ 079/04 27 27 28, 6,1 km vom Windy Gap entfernt, Ü DZ ab € 102, voll ausgestattetes Ferienhaus am Rande von Bunnyconnellan. Der Mindestaufenthalt beträgt 3 Nächte.

The River Inn, Bunnyconnellan West, Bunnyconnellan, Co. Mayo, ☎ 096/450 04, So-Do 11:00-23:30, Fr und Sa 11:00-0:00

♦ Gallaghers Village Tavern, Bunnyconnellan West, Bunnyconnellan, Co. Mayo, Da bis zur Drucklegung keine Öffnungszeiten bekannt waren und es keine Kontaktmöglichkeiten gibt, müssen Sie auf gut Glück schauen, ob die Bar geöffnet hat.

Tuffys Gala Bonniconlon, Bunnyconnellan West, Bunnyconnellan, Co. Mayo, ☎ 096/458 78, tuffysgalabonniconlon.business.site, Mo-Sa 7:30-21:00, So 8:30-20:00, kleiner Gemischtwarenladen mitten im Zentrum

An Post Bonniconlon, Bunnyconnellan West, Bunnyconnellan, Co. Mayo, ☎ 096/450 01, Mo-Fr 9:00-13:00, 14:00-17:30, Sa 9:00-13:00, So geschlossen. Die Post befindet sich in Tuffys Gala.

Die Bushaltestelle (Post Office) befindet sich direkt bei Gallaghers Village Tavern. Hier verkehrt die Bus-Éireann-Linie 444 zwischen Ballina und Dromore West. Der Bus hält montags (10:54) und freitags (10:11) jeweils einmal am Tag und kann Sie zurück nach Ballina bringen. Die Fahrt dauert 18 Minuten.

Etwas weiter ist der Weg zur Siedlung Drummartin, in der die Bushaltestelle Mullarkeys Cross liegt. Sie folgen der R294 1 km in südöstlicher Richtung, bis Sie die Straße kurz vor dem Lough Talt nach rechts verlassen können. Nach 300 m macht das anschließende Sträßchen eine scharfe Rechtskurve und Sie wandern geradeaus weiter auf einem Fahrweg, der nun zum Lough Talt leitet und dann immer unmittelbar an seinem südwestlichen Ufer entlangführt. Nach 2,4 km errei-

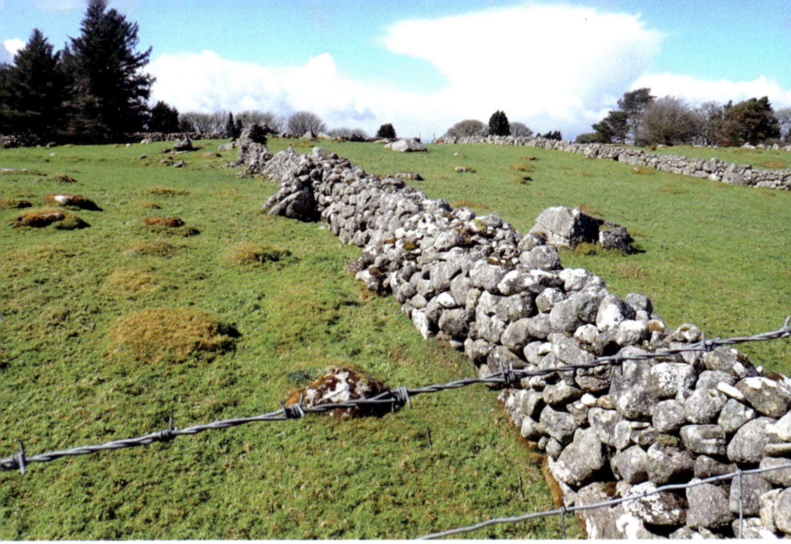

Schafweiden am Fuße der Ox Mountains (jp)

chen Sie wieder eine Schotterstraße, der Sie nach links folgen, bis Sie erneut die R294 erreichen. Sie zweigen nach rechts auf die Regionalstraße ab und wandern noch 3,2 km auf ihr ostwärts, bis Sie zur kleinen Siedlung Drummartin gelangen.

Drummartin

Joe Dan's Bar, Drummartin, Co. Sligo, ☏ 071/918 10 10, Öffnungszeiten bitte telefonisch erfragen

Die Bushaltestelle Mullarkeys Cross (Northbound) befindet sich direkt bei Joe Dan's Bar. Hier verkehrt die Bus-Éireann-Linie 479 zwischen Aclare und Sligo. Der Bus hält jeden Freitag um 10:12 in Mullarkeys Cross und erreicht um 11:20 Sligo.

Falls Sie noch nicht genug haben, können Sie Ihre Reise natürlich auch auf dem Sligo Way fortsetzen.

Der 78 km lange Fernwanderweg Sligo Way (irisch: Slí Shligeach) fügt sich nahezu nahtlos an den Western Way an. Er beginnt direkt am nördlichen Ufer des Lough Talt in Largen (1 km vom Windy Gap entfernt) und führt über die Ox Mountains und den Easky Lough in das kleine Dorf Coolaney und weiter über Nebenstraßen nach Collooney am Owenmore River. Anschließend durchquert der Sligo Way den Union Wood und die Slish Woods, führt am Lough Gill vorbei und endet schließlich in der Kleinstadt Dromahair am River Bonet. Wie der Western Way ist auch der Sligo Way mit dem gelben, etwas gebeugten Wanderer markiert.

Index

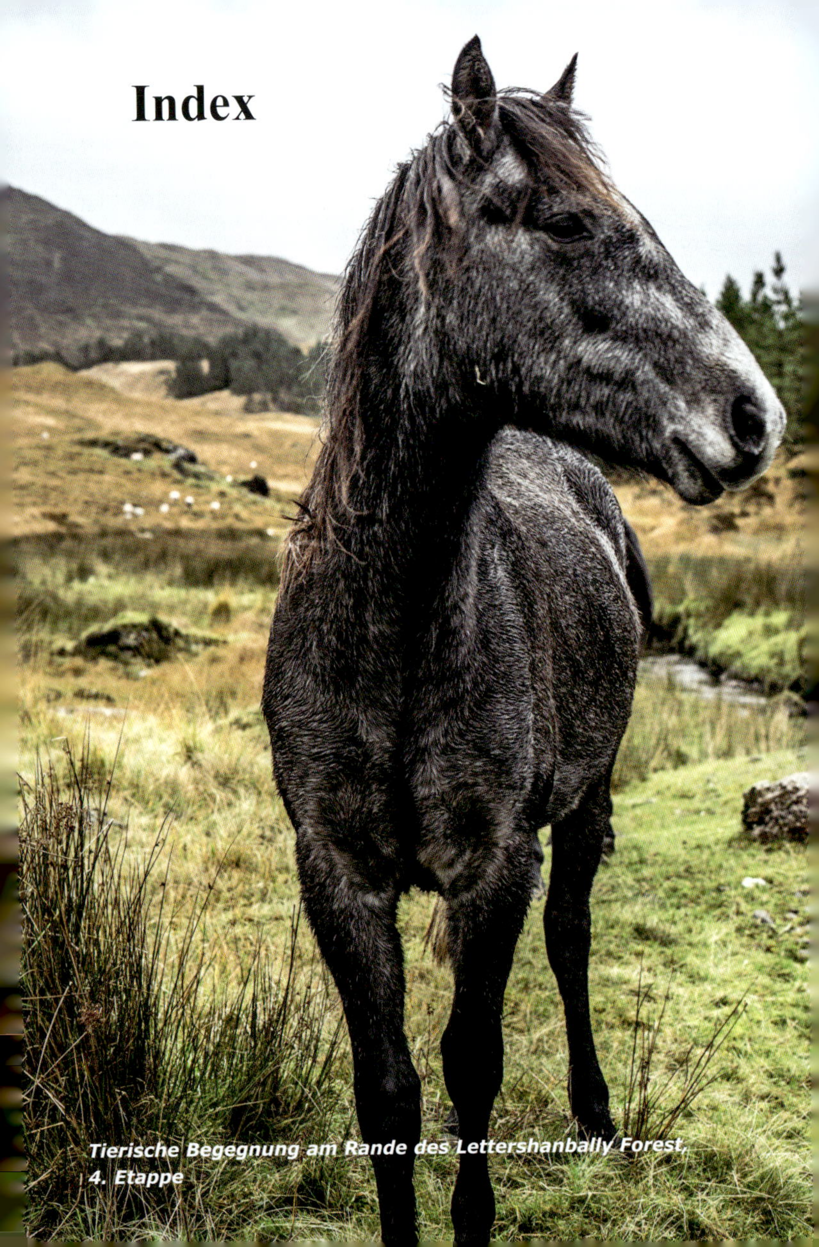

Tierische Begegnung am Rande des Lettershanbally Forest, 4. Etappe